Marktwirtschaft, Bürokratie und Leistung
Die Entstehung und die Folgen zentraler
Wirtschaftsentscheidungen

Gesellschaftspolitische Bildungsmaterialien
Heft 3

Heinz Schimmelbusch

Marktwirtschaft, Bürokratie und Leistung

Die Entstehung und die Folgen zentraler Wirtschaftsentscheidungen

div

Herausgegeben von der
Stiftung Gesellschaft und Unternehmen

Der Autor

Dr. rer. pol. Dipl. Volkswirt Heinz Schimmelbusch, Jahrgang 1944. Nach Assistententätigkeit an der Universität Tübingen seit 1971 in der Industrie tätig, vorwiegend im Bereich der Unternehmensplanung.

Herausgegeben von der Stiftung Gesellschaft und Unternehmen

Redaktion: Dr. Walter Eberle, Dr. Hans H. Wenkebach

Oberländer Ufer 84–88, Postfach 510670, 5000 Köln 51, Telefon 3704341

Lektorat: Dipl.-Vw. Frauke Lill-Roemer

Druck: Bercker GmbH, Kevelaer

ISBN 3-88054-231-7

Inhalt

Vorwort

Welche Rolle spielt eigentlich der Prozeß gesellschaftlicher Bürokratisierung in modernen hochindustrialisierten Wirtschaftssystemen?

Diese Frage wird zum einen provoziert durch die aktuelle Diskussion um Investitionsmeldung und -lenkung. Zum anderen liegt ihr die Beobachtung zugrunde, daß die Befürworter zentraler Wirtschaftsplanung die Art dieser Planung – sozusagen die Planung der Planung – stets im Dunkeln lassen und lediglich aus der – in bestimmten Bereichen vielleicht berechtigten – Kritik am Wirtschaftssystem in mechanischer Form auf die Notwendigkeit von Systemveränderung schließen. Anliegen dieses Buches ist es, zu verdeutlichen, wohin eine solche Systemveränderung führen kann. Aus diesem Grund wird der Bürokratisierungsprozeß im Wirtschaftssystem der Bundesrepublik Deutschland dargestellt und gedanklich fortgeführt. In diesem Zusammenhang sei darauf verwiesen, daß etwaige Ähnlichkeiten verwendeter Namen oder Institutionen mit tatsächlichen Namen oder Institutionen rein zufällig sind.

Es wird beschrieben, wie eine Marktwirtschaft, die sich bei der Herstellung und Verteilung von Produkten auf private Unternehmerentscheidungen stützt, durch harmlos wirkende, scheinbar nur kosmetische staatliche Maßnahmen schrittweise in ein schließlich voll bürokratisiertes Wirtschaftssystem umgewandelt werden kann. Es sind in diesem Prozeß der qualitativen Bürokratisierung über die Jahre hinweg jeweils nur relativ kleine politische Entscheidungen notwendig, um ihn stetig fortzusetzen. Die Entscheidungen fügen sich, wenn das Vehikel einmal läuft, logisch aneinander; jeder weitere Schritt soll die Mängel des vorhergehenden beseitigen. Es kommt zu einer Selbstbeschleunigung der einzelnen Maßnahmen, sie schaukeln sich auf und führen letztlich zur totalen Verwaltung.

Natürlich stellt der so beschriebene Bürokratisierungsprozeß nur eine von vielen möglichen Varianten dar, denn diese Beschreibung kann sich nicht auf ein verbindliches Programm einer Partei oder einer Gewerkschaft stützen; ihr liegen lediglich fragmentarische Aussagen, Programmansätze, Vorgänge in benachbarten Planwirtschaften zugrunde. Verbleibende Unsicherheiten und Lücken der Simulationsgrundlage können mit Hinweisen auf praxisorientierte Planungsgrundsätze geschlossen werden.

Mit den folgenden Ausführungen soll allerdings keineswegs die These unterstrichen werden, daß die Bürokratisierung das Schicksal aller Wirtschaftssysteme ab einem bestimmten technologischen Entwicklungsstand ist, eine These, der seit Max Weber viele Soziologen anhingen, unter anderem so prominente Wissenschaftler wie Joseph A. Schumpeter. Auf dem Privateigentum an Produktionsmitteln beruhende marktwirtschaftliche Systeme können – müssen aber nicht – dem Prozeß der Bürokratisierung unterliegen, sozialistische Systeme setzen dagegen eine umfassende Bürokratie voraus. Der Angestellte eines am funktionierenden Wettbewerb teilnehmenden Konzerns ist Mitglied einer durch den Markt kontrollierten Organisation und damit selbst kontrolliert. Der Beamte im staatlichen Planungsamt unterliegt dieser Kontrolle fast gar nicht. Nur auf vielen Umwegen kann die politische Kontrolle durch Wahlen bis zum einzelnen Beamten durchschlagen. Die Wirkung ist ungefähr gleich Null. Deshalb übt vor allem der Beamte mit Planungsaufgaben bürokratische Herrschaft aus. Hauptverwaltungswasserköpfe werden in funktionierenden Marktwirtschaften außerdem von Zeit zu Zeit wegrationalisiert, Planungsbehörden in bürokratischen Systemen dagegen sterben nur mit dem System selbst.

Ebensowenig soll der Eindruck erweckt werden, staatliche bürokratische Institutionen seien ganz allgemein negativ zu beurteilen und grundsätzlich abzulehnen. Das würde den Tatsachen widersprechen. Moderne Industriestaaten benötigen eine staatliche Bürokratie zur Überwachung der Ordnung des wirtschaftlichen Ablaufes. Es geht auch weniger um möglichen Leerlauf im organisatorischen Gefüge von Behörden. Es geht darum, die Grenzen bürokratischer Leistungsfähigkeit zu sehen und zu erkennen, daß eine zentrale Wirtschaftsplanung jenseits dieser Grenzen liegt, es sei denn, man nimmt gravierende Einschränkungen der wirtschaftlichen Effizienz und der individuellen Freiheit der Produzenten und Konsumenten in Kauf.

Ich danke all denen, die das Manuskript durchgesehen und Verbesserungsvorschläge gemacht haben. In besonderer Weise gilt das für Dr. Hans Wenkebach, Geschäftsführer der Stiftung „Gesellschaft und Unternehmen“, der durch eine Vielfalt von konstruktiven Beiträgen das Zustandekommen des Buches in entscheidender Weise gefördert hat.

I. Die Grundlagen

Im Wirtschaftssystem der Bundesrepublik Deutschland, in dem sich die öffentlichen Behörden seit 1948, soweit sie überhaupt Wirtschaftsfragen behandeln, überwiegend mit den Rahmenbedingungen wirtschaftlicher Abläufe befassen, ist der Bürokratisierungsprozeß bedingt durch

- die zu beobachtende allgemeine Stellenvermehrung im öffentlichen Dienst,
- die ständig wachsende Anzahl staatlicher Bestimmungen, die die Unternehmen zu beachten haben, was in den Unternehmen zu einer Zunahme der Mitarbeiter führt, die sich überwiegend oder ausschließlich mit der Einhaltung dieser Bestimmungen befassen,
- die – nach einer Periode der Zurückhaltung – verstärkte Hinwendung zu den Ideen staatlicher Wirtschaftsplanung.

Anhand der außerordentlich raschen Expansion der Beschäftigtenzahl im staatlichen Sektor der Wirtschaft der Bundesrepublik kann rein quantitativ die Bürokratisierung der Gesellschaft besonders anschaulich dargestellt werden. So sind im Jahre 1974 im Sektor Staat etwa 1,29 Millionen Personen mehr als im Jahre 1960 beschäftigt gewesen, was einem Zuwachs von 61 Prozent entspricht. Das ergibt einen durchschnittlichen Nettozuwachs staatlicher Mitarbeiter um 86 000 Personen pro Jahr.

In der nachstehenden Übersicht ist diese Entwicklung im einzelnen dargestellt. Um die Zuwachszahlen zu illustrieren, ist für jedes Jahr ein Unternehmen angegeben, dessen Belegschaft etwa der jeweiligen Zuwachszahl entspricht. Es ist schon erstaunlich, daß – rund um die Uhr gerechnet – bis 1974 durchschnittlich alle sechs Minuten der Sektor Staat einen zusätzlichen Mitarbeiter einstellte, wobei die Verminderung der Zahl staatlicher Mitarbeiter durch Erreichen der Altersgrenze oder aus anderen Gründen schon berücksichtigt ist.

Diesem Zuwachs von 61 Prozent steht die Tatsache gegenüber, daß die Zahl der Erwerbstätigen insgesamt in dem genannten Zeitraum nahezu konstant geblieben ist. Den Sachverständigenrat zur Begutachtung der gesamtwirtschaftlichen Entwicklung hat die explosionsartige Ausweitung staatlicher Stellen zu der Bemerkung veranlaßt, eine Revision der Staatstätigkeit in Form einer Überprüfung der Aufgaben des öffentlichen Dienstes und einer Rationalisierung bei der Erstellung staatlicher Leistungen sei unumgänglich. Der Sachverständigenrat hat bei dieser Aussage natürlich vor allem die Personalkostenexplosion im Auge gehabt als eines der nachhaltigen Strukturprobleme der öffentlichen Haushalte. Dieses fiskalische Problem wird jedoch im folgenden nicht weiter untersucht. Ausgangspunkt unserer Betrachtung ist die Überlegung, daß die rasch wachsende staatliche Bürokratie potentiell zur Verfügung steht für eine zunehmende Verwaltung des einzelnen Bürgers und des einzelnen Unternehmens, zur vermehrten Erarbeitung, Einführung und Kontrolle staatlicher Bestimmungen. Der einmal vorhandene staatliche Apparat will schließlich genutzt werden. Er bietet sich interessierten politischen Kräften zur Wahrnehmung neuer Aufgaben geradezu an.

Der Zuwachs an staatlichen Mitarbeitern

Jahr	Netto-Zuwachs an Mitarbeitern	Entspricht der Zahl der Beschäftigten des Unternehmens (*)
1961	130 000	Nestle (Schweiz)
1962	119 000	Rhone-Poulenc
1963	97 000	AKZO (Niederlande)
1964	96 000	Peugeot (Frankreich)
1965	87 000	Gutehoffnungshütte
1966	79 000	KRUPP
1967	71 000	Volvo
1968	25 000	IBM Deutschland
1969	56 000	Salzgitter
1970	120 000	Mannesmann
1971	110 000	BASF
1972	137 000	August Thyssen Hütte
1973	96 000	ENI (Italien)
1974	67 000	Flick-Gruppe
insgesamt	1 290 000	

(*) Quelle: FORTUNE, August 1976.

II. Markt, Bürokratie und kein dritter Weg

Wo kein Markt beziehungsweise Marktpreis die Produktion und Verteilung von Gütern und Dienstleistungen steuert, werden Produktion und Verteilung durch eine öffentliche Behörde bürokratisch organisiert. Dasselbe gilt für die Steuerung von Investitionen und deren Finanzierung. Entweder konkurriert eine Vielzahl institutionell nicht voneinander abhängiger Produzenten um die Nachfrage der Konsumenten oder anderer Produzenten, indem sie den Preis und die Qualität der Produkte den vermuteten Wünschen der Nachfrager anpaßt. Oder es existiert eine Wirtschaftsbürokratie, die die Organisation von Produktion und Verteilung, Investition und Finanzierung übernimmt. Eine dritte Möglichkeit gibt es nicht.

Welche Aufgaben der Markt oder die Bürokratie bewältigen muß, um das Zusammenleben der Menschen in einer Gemeinschaft zu ermöglichen, wird aus der folgenden Übersicht deutlich. Dort sind die Standardprobleme jeder Volkswirtschaft genannt.

Jede Gesellschaft braucht irgendeinen Mechanismus – Bürokratie oder Markt –

1. zur Erzeugung von *Informationen* über die Präferenzen (Wertestruktur),
2. für die *Allokation* der Ressourcen auf die verschiedenen Sektoren in Übereinstimmung mit den ermittelten Präferenzen,
3. für die *Entscheidung* bezüglich der Wahl der zu benutzenden Produktionstechniken,
4. für die Schaffung von *Anreizen,* mit den Ressourcen sparsam umzugehen, und für die Schaffung von Anreizen zur Leistung,
5. für die *Koordination* der Millionen Entscheidungen individueller Firmen und Haushalte, so daß jede Industrie gerade so viel und genau jene Quantitäten produziert, die nicht nur von den Haushalten, sondern auch von den Firmen, die Millionen anderer Güter produzieren, gewünscht werden.

Quelle: Assar Lindbeck, Die Politische Ökonomie der Neuen Linken, Göttingen 1974, Seite 33.

Überlegen Sie sich einmal, mit welchen Instrumenten – zum Beispiel Markt, Privateigentum, Gewinn – diese Aufgaben in einer Marktwirtschaft bewältigt werden?

Bevor nun die Entwicklung einer sich qualitativ bürokratisierenden Marktwirtschaft nachvollzogen wird, soll noch einmal kurz die marktwirtschaftliche Funktionsweise dargestellt werden, um zu verdeutlichen, welche Aufgaben den Anhängern der Planwirtschaft bevorstehen.

1. Planung in der Marktwirtschaft

Die Funktionsweise der Marktwirtschaft beruht auf der institutionell abgesicherten Unabhängigkeit von Produzenten und Konsumenten. Diese Unabhängigkeit ist sehr wichtig, denn jede Art von geschäftspolitischer Abhängigkeit einzelner Produzenten voneinander oder von einem dritten mindert die Fähigkeit des Marktes zu gesamtwirtschaftlich optimaler Preisfindung. In westlichen Marktwirtschaften garantiert das Institut des Privateigentums an Produktionsmitteln diese Unabhängigkeit. Mißbrauch soll durch die Wettbewerbsgesetzgebung verhindert werden.

So sind beispielsweise die Aktionäre einer Aktiengesellschaft am Unternehmenserfolg interessiert, der Vorstand ist den Aktionären gegenüber verantwortlich. Die Interessen der Aktionäre dem Vorstand gegenüber werden im wesentlichen durch den Aufsichtsrat artikuliert; dieser wird mehrheitlich durch die Hauptversammlung gewählt. In seinen Einzelentscheidungen ist der Vorstand nicht gezwungen, von irgendwoher eine Zustimmung einzuholen, wenn die staatlichen Rahmenbedingungen erfüllt sind, es sei denn – ab bestimmten, in der Satzung jeweils festgelegten Größenordnungen – vom Aufsichtsrat.

Beseitigt man das Institut des Privateigentums an Produktionsmitteln, dann beseitigt man gleichzeitig die dadurch gesicherte Unabhängigkeit der Produzenten, die man unter formaler Aufrechterhaltung des Privateigentums auch auf andere Weise behindern und eingrenzen kann. Es kommt dann gleichsam automatisch zu einer Einschränkung der Funktionsfähigkeit der Marktwirtschaft, und zwar in dem Maße, in dem an die

Stelle des „privaten“ Interesses ein „öffentliches“ Interesse als Richtschnur für die unternehmerischen Entscheidungen tritt. Meist hat das zur Folge, daß neben den an der tatsächlichen Knappheit orientierten Marktpreis ein administrierter Preis tritt, der dann den Marktpreis ersetzt. Die Marktsteuerung hat damit ein Ende. Es kommt entweder zu Warteschlangen, wenn der Preis zu niedrig ist, oder zu Überproduktion, wenn der Preis zu hoch ist; normalerweise entsteht ein „Schwarzer Markt“.

Man kann hier einwenden, daß die Unabhängigkeit der Produzenten und die Ausgleichsfunktion der Preise auf irgendeine andere Weise als durch Privateigentum gesichert werden könnte, also beispielsweise, indem bestimmte Funktionen des Privateigentums durch andere Regelungen wahrgenommen werden. So kann man dem Management – wie immer es auch ausgewählt worden sein mag – bestimmte institutionelle Freiheiten zubilligen. Ein Beispiel für solche Regelungen ist das jugoslawische Modell der Arbeiterselbstverwaltung. Die Schwierigkeit bei dem Versuch, den Konflikt zwischen zentraler und dezentraler Planung zu lösen, ist folgende: Zwar können Freiheiten des Managements institutionalisiert werden, aber es ist nicht sichergestellt, daß das Management die Freiheiten zum Wohle des Konsumenten und der Gesamtwirtschaft ausfüllt.

Das dem Privateigentum – im Falle der Aktiengesellschaft den Aktionären – verpflichtete Management ist durch den Kapitalmarkt einer dauernden Kontrolle unterworfen. Objektiver Maßstab dieser Kontrolle ist die Gewinnentwicklung. Gewinn entsteht nur dort, wo Nachfrage und schließlich Konsumentenbedürfnisse befriedigt werden. Diese objektive Kontrolle des Managements, die sich bei funktionierendem Kapitalmarkt dauernd vollzieht, ist eine notwendige Voraussetzung für eine funktionsfähige Marktwirtschaft. Der Kapitalmarkt funktioniert nur, wenn eine Vielzahl voneinander unabhängiger Marktteilnehmer existiert, was wieder Privateigentum voraussetzt.

Nun muß jedoch ein Unternehmen, das sich unter gleichbleibendem Management längere Zeit in der Verlustzone befindet, ebensowenig schlecht geführt sein, wie ein gewinnstarkes Unternehmen ohne weiteres den Schluß auf ein gutes Management zuläßt. Außerdem spielt bei einem gut funktionierenden Kapitalmarkt nicht nur die absolute Höhe des Gewinns eine Rolle, sondern auch die relative im Vergleich zur Konkurrenz, also zum Durchschnitt der entsprechenden Branche. Diese relative

Erfolgsbewertung und Erfolgskontrolle ist die entscheidende Grundlage für die Lenkungsfunktion, die der Kapitalmarkt ausübt. Für Unternehmen mit schlechter Eigenkapitalverzinsung ist es zunehmend schwieriger, vom Kapitalmarkt zu günstigen Konditionen Finanzierungsmittel zu erhalten. Das gilt keineswegs nur für Unternehmen in der Nähe der Verlustzone, sondern ebenso für solche, die zwar absolut gesehen hohe Gewinne erwirtschaften, jedoch – verglichen mit der Branche – offenbar ihr Gewinnpotential nicht ausnutzen. Je besser der Kapitalmarkt funktioniert, desto umfassender ist diese Kontrolle.

Ein durch das Zusammenspiel von Produkt- und Kapitalmärkten kontrolliertes Management der „kapitalistischen" Marktwirtschaft strebt permanent nach Markterfolg. Dieser tritt nur dann ein, wenn ebenso kontrollierte Unternehmen nach entsprechenden Preis- und Qualitätsvergleichen die Produkte abnehmen und wenn Konsumenten sich analog entscheiden. Das auf Markterfolg ausgerichtete Management ist also Garant dafür, daß hinter den dezentral getroffenen Einzelentscheidungen eine gesamtwirtschaftliche Rationalität steht. Voraussetzung ist allerdings, daß die Nachfrager hinreichend informiert sind, um rational entscheiden zu können. Auf diese Annahme werden wir noch zurückkommen.

2. Vom Anfang der Behördengesellschaft

Eine Marktwirtschaft läßt sich nicht über Nacht in eine Planwirtschaft transformieren. Man beginnt mit kleinen Änderungen, die einen sich selbst beschleunigenden Prozeß der Bürokratisierung in Gang setzen. Ein solcher Eingriff in den marktwirtschaftlichen Prozeß kann bei jedem der in der Übersicht auf Seite 11 erwähnten Erfordernisse erfolgen. Bürokratische Systeme, also Planwirtschaften, können daher auf sehr unterschiedliche Weise zustande kommen.

Von besonderem Interesse sind natürlich jene Pfade, auf denen das Wirtschaftssystem der Bundesrepublik Deutschland sich auf eine Planwirtschaft zubewegen könnte:

Überlegen Sie sich einmal an Hand der Übersicht auf Seite 11, welchen Weg zur Bürokratisierung Sie einschlagen würden?

Da die Mehrheit der Bevölkerung einer zentralen Planwirtschaft ablehnend gegenübersteht, müssen Sie bei Ihrer Wahl bedenken:

- Der Eingriff muß so geschickt erfolgen, daß er nicht von vornherein als systemverändernde Maßnahme erkannt wird, vielmehr muß er als systemverbessernde Maßnahme dargestellt werden.

- Die Begründung für diesen Eingriff darf daher nicht revolutionär klingen, sie muß unverfänglich sein.

Unter diesen Bedingungen stellt sich die Vervollkommnung der Informationsbeschaffung über die Präferenzen der Wirtschaftssubjekte als das geeignete Mittel dar. Denn die Beschaffung solcher Informationen durch eine staatliche Behörde kann weder als bürokratische Planung noch als revolutionär angesehen werden, solange die Informationen nicht dazu benutzt werden, das Verhalten der informationsliefernden Wirtschaftssubjekte zu ändern. Die Wahrscheinlichkeit einer breiten Unterstützung dieser Maßnahme wird noch größer, wenn nicht eine totale Informationsbeschaffung angestrebt wird, sondern diese sich nur auf einen – allerdings wichtigen – Teilbereich, nämlich den der Privatinvestitionen beschränkt (Investitionsmeldepflicht). Und tatsächlich klingen die Argumente für eine Einführung der Investitionsmeldepflicht, wie man sie im Orientierungsrahmen '85 der SPD vom Oktober 1975, Entwurf der Antragskommission, lesen kann, durchaus rational und unverfänglich:

„Besonders wichtig – sowohl als Grundlage für fundierte Prognosen wie als aktuelle Entscheidungshilfe – ist ein differenzierter Überblick über die geplanten gesamtwirtschaftlichen Investitionen. Künftige Angebots- und Nachfragelücken und drohende regionale oder sektorale Ungleichgewichte könnten eher erkannt und abgeschätzt werden. Ausgleichende wirtschaftspolitische Maßnahmen hätten bessere Erfolgschancen; fehlgeleitete Eingriffe könnten vermieden werden. Aus diesem Grunde ist die Einführung einer Meldepflicht für geplante gewerbliche und öffentliche Investitionen von einer bestimmten Größenordnung an zu befürworten. Mit der Durchführung einer entsprechenden Statistik sollte eine bereits bestehende Einrichtung betraut werden. Um Wettbewerbsverzerrungen und Kartellierungstendenzen zu verhindern, darf diese Statistik, soweit veröffentlicht, keine Rückschlüsse auf die Investitionsplanung einzelner Unternehmen zulassen."

Mit Hilfe der Investitionsmeldepflicht sollen also fundierte Prognosen erstellt werden, die dann als Grundlage dienen für

- eine bessere staatliche Konjunkturpolitik,
- staatliche Infrastrukturinvestitionen in strukturschwachen Gebieten
- staatliche Maßnahmen (Steuererleichterungen) bei sektoralen Ungleichgewichten.

Dies sind Aufgaben des Staates, die auch ein Anhänger der marktwirtschaftlichen Planung durchaus begrüßt. Jedoch muß man sich fragen, ob die Einführung einer Investitionsmeldepflicht tatsächlich zu einer besseren staatlichen Aufgabenerfüllung führt und ob diese Maßnahme nicht weitere staatliche Interventionen nach sich zieht.

Diese Frage soll im folgenden beantwortet werden. Allerdings kann der bürokratische Prozeß, der mit der Errichtung eines Investitionsmeldeamtes beginnt und über die Errichtung immer weiterer Behörden mit immer neuen staatlichen Planungsaufgaben schließlich in einer voll bürokratisierten Wirtschaft endet, nur fragmentarisch beschrieben werden; die genaue Wiedergabe der Funktionsweisen einer solchen Wirtschaft wäre ein endloses Unterfangen. Daher beschränkt sich diese Beschreibung auf punktuelle Darlegungen in Form von fiktiven Zeitungsmeldungen, Artikeln aus Fachzeitschriften, Gutachten und Tagesnachrichten der Behörden. Das entspricht der Form, in der heute die tatsächlichen politischen und wirtschaftlichen Abläufe den interessierten Bürgern präsentiert werden.

An dieser Stelle sei noch einmal darauf hingewiesen, daß Ähnlichkeiten mit der bundesrepublikanischen Wirklichkeit nicht ganz zufällig sind; Ähnlichkeiten mit lebenden Personen, Managern, Verbandsfunktionären, Politikern und Institutionen sind jedoch nicht beabsichtigt.

III. Vom Investitionsmeldeamt zum Investitionslenkungsamt

Meldung der Bonner Tageszeitung „Die Republik“ vom 15. 9. 1977:

Investitionsmeldeamt beschlossen

Bonn. Auf ihrer gestrigen Kabinettssitzung hat sich die Bundesregierung für die Einrichtung eines Bundesamtes für Investitionsmeldewesen ausgesprochen. Damit ist der zwischen den Koalitionsparteien entbrannte Streit, ob nicht doch die Finanzämter oder die Gewerbeaufsichtsämter mit der neuen Aufgabe betraut werden sollten, entschieden. Wie der Regierungssprecher weiter mitteilte, ist die Bundesregierung mit der Errichtung einer selbständigen Behörde den Argumenten, die auf die Kompliziertheit, den Umfang und die organisatorische Eigenart der neuen behördlichen Tätigkeit verwiesen, gefolgt. Im Rahmen des am 1. 1. 1978 in Kraft tretenden Investitionsmeldegesetzes hat das neue Bundesamt die Aufgabe

- die Unternehmen zu revolvierenden Meldungen über die tatsächliche sowie die geplante Investitionstätigkeit zu veranlassen,
- die Meldungen zu revolvierenden Aufstellungen über die tatsächliche und geplante Investitionsentwicklung differenziert nach Branchen und Regionen zu verarbeiten,
- der Bundesregierung über die Resultate dieser Arbeit in geeigneter Form zu berichten.

Die Bundesregierung soll auf diese Weise in die Lage versetzt werden, ihre stabilitäts-, wachstums- und strukturpolitischen Entscheidungen unter Berücksichtigung der Erkenntnisse des Investitionsmeldeamtes zu treffen.

1. Die Erfassung und Auswertung der Meldungen

Auszug aus der wöchentlich erscheinenden Fachzeitschrift „Die Marktwirtschaft“ vom 11. 10. 1977 – 1. Folge der Beitragsserie „Die Investitionsmeldepflicht“:

Die Entscheidung der Bundesregierung, eine selbständige Behörde für das Investitionsmeldewesen zu errichten, erfolgte allein aus Sachzwängen. Aufgrund eines der Regierung vorliegenden Gutachtens, welches unten in Auszügen wiedergegeben ist, war ihr bekannt, daß das neue Amt vor einem Datenerfassungsproblem größten Stils steht, weil

- die Zahl der investierenden Unternehmen, die in die Meldepflicht genommen werden, sehr groß ist,
- viele Unternehmen jeweils viele Investitionsprojekte zu melden haben,
- jedes Investitionsprojekt durch eine große Zahl von Daten zu beschreiben ist,
- die Datenbestände sich entsprechend dem Investitionsrhythmus revolvierend umwälzen.

Zu jedem Investitionsprojekt ist eine Vielzahl wichtiger Daten von den Unternehmen zu erfragen, wie Standort, Wirkung auf die Zahl und Art der Arbeitsplätze, auf die Produktion, auf die Preise und anderes. Entsprechende Erfassungsformulare sind sehr schwierig zu entwerfen, weil die Investitionsprojekte einerseits in ihrer Individualität weit streuen und es andererseits häufig auch schon schwierig genug ist, ein Projekt ohne die standardisierenden Einschränkungen eines Formulares zu beschreiben.

Es genügt nicht, die bisher bei der Investitionsplanung von den Unternehmen verwendeten Formulare zu übernehmen, da diese je nach Branche, Unternehmensgröße, Managementstil etc. äußerst unterschiedlich sind und die internen Berichte unternehmensbezogen und nicht etwa mit Blick auf einen unternehmensexternen Auswertungszweck hin entworfen wurden. Außerdem benötigt man wegen der zum Teil computergestützt erfolgenden Auswertung ein entsprechend lesbares Standardformular. Einem solchen Standard muß natürlich auch der zeitliche Melderhythmus unterworfen werden. Das bedeutet, daß die Unternehmen die Formulare nicht in Abstimmung mit ihrem bisherigen Investitionsplanungsrhythmus ausfüllen können. Denn dieser Rhythmus streut breit, je nach Bilanzstichtag, eingebürgertem Aufsichtsratssitzungsrhythmus und anderen Determinanten; das Bundesamt für Investitionsmeldewesen benötigt aber konsolidierungsfähige Aussagen aus den Unternehmen zu festen Terminen.

Wenn das Problem der laufenden Datenerfassung und Datenspeicherung einigermaßen gelöst ist, kann die Verarbeitung der Daten nach verschiedenen Zielen erfolgen, zum Beispiel unter dem Gesichtspunkt, eine Grundlage für konjunkturpolitische Maßnahmen zu schaffen; so kann aus der Übersicht über die geplanten Projekte auf die ökonomische Entwicklung des jeweils folgenden Jahres geschlossen werden. Andere Auswertungen betreffen regionalpolitische Anliegen; so kann durch frühzeitiges Erkennen von Ballungsräumen staatliche Investitionshilfe einerseits, staatliche Infrastrukturpolitik andererseits gezielt eingesetzt werden. Andere Auswertungen zielen darauf ab, die Entwicklung einzelner Branchen vorherzusagen. Das ist dann Grundlage für die angestrebte Planungsfähigkeit des Staates.

Gegenwärtig werden diese Anliegen auf dezentrale Weise und in einer auf den jeweiligen Bedarf hin abgestimmten Form durch eine Vielzahl privater und öffentlicher Institutionen bedient, was der marktwirtschaftlichen Organisation der Wirtschaft entspricht.

Auszug aus dem Gutachten des interministeriellen Arbeitskreises „Investitionsmeldewesen“:

„Die Zahl der zu erfassenden Unternehmen liegt sicherlich weit über 10 000. Insgesamt gab es bei der letzten statistischen Erfassung im Jahre 1972 in der Bundesrepublik circa 61 000 Unternehmen des produzierenden Gewerbes mit 20 und mehr Beschäftigten und etwa 15 000 Unternehmen mit 100 und mehr Beschäftigten. Setzt man die Untergrenze für die zu erfassenden Investitionsprojekte auf eine Million DM fest, so dürften auf jeden Fall alle Unternehmen mit 100 und mehr Beschäftigten zu erfassen sein. Der Kreis der insgesamt zu erfassenden Unternehmen ist jedoch größer, weil einerseits relativ kleine Unternehmen häufig Trägergesellschaften für relativ große Investitionen sind und weil sich andererseits die Art der Investitionstätigkeit bei den Unternehmen sehr schnell ändern kann.

Insgesamt haben die Unternehmen des produzierenden Gewerbes 1972 etwa 45 Milliarden DM in das Bruttoanlagevermögen investiert. Davon entfielen auf die Unternehmen mit 100 und mehr Beschäftigten etwa 35 Milliarden DM (vgl. die nachstehende Tabelle). Um eine Vorstellung von der Zahl der jährlich zu erfassenden Projekte zu erhalten, kann man zunächst einmal unterstellen, daß ein Drittel der 35 Milliarden DM auf Projekte mit einer Ausgabensumme von einer Million DM entfällt und daß die durchschnittliche Größe dieser Projekte zwei Millionen DM beträgt. Auf diese Weise erhält man etwa 5800 jährlich zu erfassende Projekte. In dieser Rechnung sind Investitionen anderer Wirtschaftsbereiche, etwa die der Energiewirtschaft oder des Handels, nicht enthalten. Außerdem ist nicht berücksichtigt, daß Projekte sich mit ihren Angaben auf mehrere Jahre erstrecken etc.“

Investitionen nach Unternehmensgrößenklassen

Beschäftigte	Anzahl der Unternehmen	Anlageinvestitionen in Millionen DM
20 – 49	35 549	7 552
50 – 99	13 855	2 300
100 – 199	7 668	2 927
200 – 499	4 898	5 121
500 – 999	1 458	4 015
1000 und mehr	1 129	23 023
100 und mehr	15 153	35 086

(Enthalten sind die Bruttozugänge einschließlich Investitionssteuer im produzierenden Gewerbe ohne Energiewirtschaft und Wasserversorgung für das Jahr 1972.)

Quelle: Statistisches Jahrbuch 1975 für die Bundesrepublik Deutschland, Seite 225.

2. Der bürokratische Aufwand

In der zweiten Folge ihrer Serie „Die Investitionsmeldepflicht" vom 18. 10. 1977 beschäftigt sich die Fachzeitschrift „Die Marktwirtschaft" mit den personellen Konsequenzen der Datenerfassung. Wir geben im folgenden einen Auszug wieder:

Der durch die Investitionsmeldepflicht bewirkte personelle Aufwand, der zum einen den meldenden Unternehmen entsteht, zum anderen durch den bürokratischen Apparat des neuen Amtes verursacht wird, ist hinsichtlich der Größenordnung ungefähr abzuschätzen. Eine niedrige Schätzung besagt, daß Unternehmen mit 1000 und mehr Beschäftigten im Durchschnitt zwei zusätzliche betriebswirtschaftlich qualifizierte Mitarbeiter benötigen; Unternehmen mit weniger als 1000 Beschäftigten können die Meldearbeit dem bestehenden Rechnungswesen gerade noch im Wege von Überstunden aufbürden. Das macht also etwa 2200 Investitionsmelder im produzierenden Gewerbe, was ungefähr der Anzahl an diplomierten Wirtschaftswissenschaftlern entspricht, die in der Bundesrepublik Deutschland im Sommersemester 1973 die Universitäten verließen.*

Die Zahl der Mitarbeiter des neuen Amtes selbst dürfte dieselbe Größenordnung aufweisen. Das Amt muß regional diversifiziert sein und sich andererseits nach Branchen untergliedern. Wegen der notwendigen engen Kommunikation zwischen den Amtsstellen und den Unternehmen ist davon auszugehen, daß sich das Investitionsmeldeamt im Laufe der Zeit Amtsstellen in jedem Regierungs- beziehungsweise Verwaltungsbezirk zulegt; diese werden durch eine übergeordnete Behörde pro Land koordiniert, die wiederum an das Bundesamt für Investitionsmeldewesen berichtet. Auf diese Weise entstehen etwa 40 erfassende Amtsstellen und 9 koordinierende Zwischenbehörden. Die erfassenden Amtsstellen haben durchschnittlich etwa 50 Mitarbeiter, damit die einzelnen Branchen auch mit dem entsprechenden speziellen Know how abgedeckt werden können (Investitionen für die Herstellung von elektrischen Geräten weisen nun mal eine ganz andere meldetechnische Problematik auf als Investitionen in der Nahrungs- und Genußmittelindustrie). Zusammen mit dem Stab der Länderbehörden und dem Stab des zentralen Amtes ergibt sich eine Zahl von etwa 2500 Mitarbeitern.

Dieser bürokratische Apparat entsteht natürlich nicht sofort mit Errichtung des neuen Bundesamtes. Zunächst startet man mit einigen hundert Mitarbeitern. Der Ausbau erfolgt schrittweise über einen gewissen Zeitraum hinweg, jeweils orientiert an den Erfordernissen. Es wird sich nämlich erweisen, daß bei der zentralen Erfassung und Auswertung unternehmerischer Investitionsplanung ständig neue Schwierigkeiten auftreten – neuartige Projekte lassen sich nicht in den vorhandenen Formularen erfassen, Definitionsprobleme sind zu lösen, Mißverständnisse aufzuklären etc. –, die den Ausbau des Mitarbeiterstabes erzwingen.

* *Anmerkung der Redaktion:* Man kann unterstellen, daß nach einiger Zeit die Verfahren und Bestimmungen des Investitionsmeldeprozesses die Kompliziertheit der steuerlichen Verfahren und Bestimmungen erreichen werden. Es wird zu Gerichtsverfahren, Serien von Verwaltungserlassen und zur Literaturproduktion in den relevanten Zeitschriften kommen. Es ist interessant, zu wissen, daß in Steuerangelegenheiten ein mittelständisches Unternehmen heute jährlich etwa 600 neue höchstrichterliche Urteile, 250 schwebende Musterverfahren, 500 neue Verwaltungserlasse, 750 neue Stellungnahmen in der Steuerliteratur und 50 laufende Verfahren vor dem Bundesverfassungsgericht beachten muß, wenn es auf dem neuesten Stand bleiben will (vgl. FAZ, Dienstag, 7. Sept. 1976, S. 11). Um hier eine Hilfestellung zu geben, hat sich unser Verlag entschlossen, mit Beginn des neuen Jahres eine Monatsschrift mit dem Titel „Zeitschrift für das gesamte Investitionsmeldewesen – Ein Leitfaden für die Praxis“ im Loseblattverfahren (zur laufenden Aktualisierung) zu vertreiben.

3. Die Schwierigkeiten des Bundesamtes für Investitionsmeldewesen

In der dritten Folge ihrer Serie „Die Investitionsmeldepflicht“ vom 25. 10. 1977 beschäftigt sich die Fachzeitschrift „Die Marktwirtschaft“ kritisch mit den zu erwartenden Schwierigkeiten des Bundesamtes. Wir geben nachstehend einen Auszug wieder:

Die Schwierigkeiten, die das Bundesamt für Investitionsmeldewesen bei der Erfüllung seiner Aufgaben zu überwinden hat, sind vielfältig. Sie bestehen – abgesehen von den bereits erwähnten Detailproblemen im Prozeß der Datenerfassung – darin, daß

- sich Unternehmen oft jahrelang mit der Vorbereitung von Investitionsprojekten befassen, die dann aber gar nicht zur Durchführung kommen (von 10 bis 20 Projekten wird vielleicht eines realisiert),
- Projekte oft „über Nacht“ und zwischen den Meldeterminen zur Entscheidung anstehen,
- bereits entschiedene und gemeldete Projekte wieder abgesetzt werden.

Probleme dieser Art kennzeichnen den internen Investitionsplanungsprozeß jedes Unternehmens; sie sind durch die sich ständig ändernde Marktlage bedingt. Für die Unternehmensführung als einziges Gremium, das Investitionsentscheidungen trifft, besteht keine Schwierigkeit, die Pläne der jeweiligen Lage anzupassen. Eine unternehmensexterne Bürokratie jedoch kann nur raten, wie die unternehmensinternen Entscheidungen ausfallen. Es ist schließlich nicht zu vermeiden, daß eine gewisse Zeit vergeht, bis die gemeldeten Daten und Informationen über geplante Projekte durch das Bundesamt etwa in gesamtwirtschaftliche Prognosen über die Entwicklung der Investitionen oder in Strukturentwicklungsbilder umgesetzt worden sind. Innerhalb dieser Zeitspanne können sich die Daten entscheidend verändert haben. Daher scheint es nicht sinnvoll, daß die vom Bundesamt für Investitionsmeldewesen erstellten Berichte als Grundlage für Maßnahmen der Bundesregierung dienen sollen. So kann zum Beispiel ein signalisiertes Nachlassen der privaten Investitionstätigkeit und eine daraus begründete expansive staatliche Ausgabenpolitik mit beschäftigungspolitischem Ziel dazu führen, daß verstärkte staatliche Ausgaben auf einen mittlerweile eingetretenen privaten Investitionsstoß treffen und inflationär wirken. Solche Diskrepanzen sind die Folge des Versuchs, den privaten Investitionsplanungsprozeß über ein bürokratisches Berichtswesen an staatliche Maßnahmen zu koppeln und umgekehrt.

4. Die Umwandlung in ein Investitionslenkungsamt

Meldung der Bonner Tageszeitung „Die Republik" vom 11. 12. 1978

Versagen des Bundesamtes für Investitionsmeldewesen?

Köln. Auf der gestrigen Jahrestagung des Verbandes der investitionsmeldepflichtigen Unternehmen wurde massive Kritik an der Arbeit des Investitionsmeldeamtes geübt. Nach Ansicht des Verbandsvorsitzenden ist die gestiegene Inflationsrate auf die Fehlprognosen des Amtes zurückzuführen. Wie er weiter ausführte, hat die vom Amt Anfang des Jahres prognostizierte private Investitionszurückhaltung die Bundesregierung veranlaßt, Investitionsprämien zu verordnen. Da es aber gar keine Investitionszurückhaltung gegeben hat, müssen wir uns heute mit einem Inflationsstoß abplagen. Am Schluß der Tagung wurde noch einmal einhellig an die Regierung appelliert, das Amt unverzüglich und ersatzlos abzuschaffen.

Wie uns dazu aus Kreisen der Regierung kurz vor Redaktionsschluß mitgeteilt wurde, wird die Kritik des Verbandes nicht geteilt, da von seiten des Verbandes die bisherigen Mängel des Amtes offensichtlich überschätzt werden. Ergänzend dazu wurde darauf hingewiesen, daß ein vom Wirtschaftsminister eingesetzter Arbeitskreis seit einiger Zeit der Frage nachgeht, ob die wenigen, unvermeidbaren Fehler des bisherigen Amtes durch eine Kompetenzerweiterung – Genehmigungspflicht von privaten Investitionsvorhaben – neutralisiert werden können.

Auszug aus den Tagesnachrichten des Bundesministers für Wirtschaft vom 13. 12. 1978

Staatssekretär Dr. Planer zu Fragen des Investitionsmeldeamtes

Nach Ansicht des Parlamentarischen Staatssekretärs beim Bundesminister für Wirtschaft, Dr. Planer, wären die in letzter Zeit aufgetretenen Schwierigkeiten mit unvollständigen und unstabilen Daten bei der Erfassung privater Investitionstätigkeit zu beheben, indem der Staat die Investitionen selber lenken, das heißt die Daten selber erzeugen würde. Mit dieser Aufgabe könnte das in Investitionslenkungsamt umzunennende Investitionsmeldeamt betraut werden. Das neue Amt hätte die Aufgabe, nicht nur Meldungen über private Investitionspläne entgegenzunehmen, sondern die ehedem durch marktwirtschaftlich koordinierte Unternehmensentscheidungen gelenkten Investitionen nun auf dem Wege staatlicher Anordnungen zu lenken: Also Genehmigungszwang für Investitionen sowie Vornahme von Investitionen auf staatliche Anordnung hin, wobei hier weniger Investitionen zur Vermeidung externer Effekte, also zum Beispiel Entstaubungsanlagen, gemeint sind, sondern Investitionen mit dem Ziel der generellen Veränderung des Güterangebots. Staatssekretär Dr. Planer, der mit diesen Ausführungen gleichzeitig die Ergebnisse des Arbeitskreises „Investitionslenkung" bekanntgab, wies darauf hin, daß die marktwirtschaftliche Lenkung nur bei den sogenannten Problem-Investitionen außer Kraft gesetzt werden solle.

Was unter Problem-Investitionen zu verstehen ist, geht aus der nachfolgenden Liste hervor. Auf Fragen von Journalisten nach den Abgrenzungskriterien zwischen Problem-Investitionen und problemfreien Investitionen räumte Staatssekretär Dr. Planer ein, daß diese Frage noch nicht endgültig geklärt ist, spätestens bis zur Errichtung des Amtes jedoch sei mit präzise formulierten Abgrenzungskriterien in Form einer Verordnung zu rechnen.

Liste von sogenannten Problem-Investitionen

Problem-Investitionen sind solche Investitionen, die

1. einen hohen staatlichen Komplementärbedarf erfordern (Automobilindustrie im Hinblick auf Straßen, elektrotechnische und elektronische Industrie im Hinblick auf energiepolitischen Komplementärbedarf und ähnliches);
2. hohe, bislang dem Staat aufgebürdete soziale Kosten verursachen (vor allem alle umweltrelevanten Investitionen);
3. zur Herstellung von Produkten dienen, bei denen überwiegend der Staat als Käufer auftritt und einen großen Teil der Investitions-, Forschungs- und Entwicklungskosten übernimmt (Rüstung, Luftfahrt, Raumfahrt);

4. in Krisenbranchen getätigt werden beziehungsweise Überkapazitätsprobleme verursachen (Chemiefaser- und Aluminiumindustrie);
5. große regionalpolitische Bedeutung haben;
6. in Ballungszonen Boden beanspruchen;
7. Ressourcen für öffentliche Infrastrukturen bereitstellen und unter diesem Aspekt preispolitisch relevant sind (vor allem Baukapazitäten).

Quelle: W. Höhnen, Grundpositionen zur Investitionslenkung in der wirtschaftspolitischen Diskussion, in: Gewerkschaftliche Monatshefte 12, 1973.

Für welche Maßnahme – die ersatzlose Beseitigung des Investitionsmeldeamtes oder dessen Umwandlung in ein Investitionslenkungsamt – wird sich die Bundesregierung nach Ihrer Ansicht in dieser Situation entscheiden?

Bevor Sie ihre Wahl treffen, müssen Sie bedenken, daß 1980 ein Bundestagswahljahr ist; die Argumentation der Gegner staatlicher Investitionslenkung wird in einer Reihe von Wählerschichten ohne große Resonanz bleiben. Es ist eben eine sehr schwierige Aufgabe, wirtschaftswissenschaftlich nicht geschulten Zuhörern die Funktion des Kapitalmarktes zu erklären, ihnen darzulegen, auf welche Weise der Fremd- und der Eigenkapitalzinssatz sowie die Liquidität eines Unternehmens auf die Investitionen dieses Unternehmens einen lenkenden Einfluß ausüben. Ein Bundestagskandidat, der sich während des Wahlkampfes landauf und landab bei seinen Reden in die trockene Materie von Investitionsrechnungen vertieft, um schließlich zeigen zu können, daß der marktwirtschaftlich gelenkte Investitionsprozeß mehr als jedes andere Verfahren auf die durch Nachfrage manifestierten Bedürfnisse der Konsumenten ausgerichtet ist, wird die Wahl verlieren, es sei denn, er ist der einzige Kandidat. Marktwirtschaftliche Abläufe sind nun einmal sehr kompliziert.

Der Gegenkandidat hat es da ungleich leichter. Es ist nicht schwer, staatliche Planung positiv darzustellen und damit verbundene Gefahren zu verharmlosen. Das Gegenteil von „geplant“ ist „ungeplant“, ist schon fast „Zufall“ oder „Chaos“. Wer ist unter diesem Aspekt schon gegen

Planung? Wer will schon ungeplante, zufällige, chaotische Abläufe? Man kann den Ruf nach mehr staatlicher Planung sehr leicht als selbstverständliche Forderung ausgeben, die nur einer ablehnt, der entweder nichts versteht oder hinter abstrakt klingenden marktwirtschaftlichen Argumenten handfeste Eigeninteressen verbirgt.

Weiter müssen Sie bedenken, daß durch die ersatzlose Beseitigung des Investitionsmeldeamtes zahlreiche Mitarbeiter der Privatunternehmen arbeitslos würden. Der bürokratische Apparat könnte nicht im gleichen Umfang abgebaut werden, stände aber sofort für das Investitionslenkungsamt zur Verfügung. Außerdem würde die Umwandlung in ein Investitionslenkungsamt zumindest anfangs keine zusätzlichen Kosten verursachen, da die entsprechenden Budgetansätze vorhanden sind.

Unter diesen Rahmenbedingungen wird die Entscheidung der Bundesregierung zugunsten des Investitionslenkungsamtes ausfallen.

Auszug aus der Fachzeitschrift „Die Wirtschaft" – vormals „Die Marktwirtschaft" – vom 3. 5. 1980 über die Aufgaben des Bundesinvestitionslenkungsamtes:

Das Investitionslenkungsamt hat die Aufgabe, im Wege von Investitionsgenehmigungen sowie Investitionsauflagen

- eine Liste genehmigungspflichtiger Investitionen auszuarbeiten, diese Liste den Unternehmen vorzulegen, entsprechende Investitionsanträge zu prüfen, zu genehmigen oder abzulehnen, gegebenenfalls auch modifiziert zu genehmigen und
- bestimmte Investitionsprojekte auszuarbeiten, die dann den Unternehmen vorgeschrieben werden.

Abgelehnt werden Investitionen, die in den Augen der Investitionslenker „nach Maßgabe kapitalistischer Rentabilität als erwünscht oder notwendig erscheinen, gemessen am Maßstab gesamtvolkswirtschaftlichen Nutzens und der Interessenlage der Masse der Bevölkerung aber unsinnig und schädlich sind". Diese Maxime wurde von Johano Strasser bereits im Jahre 1972 aufgestellt. Bei den durch das Amt vorgeschriebenen Investitionen handelt es sich nicht um solche in bestimmten Bereichen des Umweltschutzes oder um infrastrukturelle Auflagen, wie sie seit langem von den Gewerbeaufsichtsämtern erteilt werden. Es handelt sich um Investitionen, die den Unternehmen nicht rentabel, dem Amt jedoch wichtig erscheinen. Im Unterschied zu öffentlichen Investitionen müssen die durch das Amt vorgeschriebenen Investitionen von den betroffenen Unternehmen finanziert werden.

Bei der täglichen Arbeit kann das Bundesamt für Investitionslenkung weitgehend auf der Arbeit des Vorgängeramtes aufbauen. Die Unternehmen melden Investitionen in der mittlerweile gewohnten Weise, jedoch differenziert nach genehmigungspflichtigen und nicht genehmigungspflichtigen. Vom Amt werden zunächst die gemeldeten Investitionen auf etwaige genehmigungspflichtige, jedoch nicht als solche gemeldete Investitionen untersucht. Dann werden die genehmigungspflichtigen Anträge entschieden und die vorbereiteten Investitionsprojekte verordnet. Schließlich erfolgen auf der Grundlage der auf diese Weise korrigierten Investitionspläne der Unternehmen die verschiedenen auch schon vom Investitionsmeldeamt angestrebten statistischen Auswertungen der gesammelten Daten zur Unterstützung staatlicher Wirtschaftspolitik.

In der nachstehenden Abbildung ist ein verkürzter Organisationsplan des Bundesamtes für Investitionslenkung dargestellt. Nach der gegebenen Beschreibung der Tätigkeit des Amtes erklärt sich dieser Organisationsplan nahezu von selbst. Deshalb nur noch kurz zur speziellen Aufgabe einiger Abteilungen. Die Abteilung für Revisionswesen ist schon im Amt für Investitionsmeldewesen eine der größten und wichtigsten Abteilungen gewesen. Sie wird naturgemäß in der Organisation des Bundesamtes für Investitionslenkung noch an Gewicht zunehmen. Denn jetzt geht es nicht mehr allein um die Überprüfung der formalen Einhaltung der Meldevorschriften, sondern auch um die Überprüfung der Durchführung von verordneten Investitionen. Aus Personalmangel hat man im Investitionsmeldeamt mit knapp 500 Prüfern auskommen müssen. Das entspricht bei 15 000 meldepflichtigen Unternehmen durchschnittlich einer Prüfungswoche pro Unternehmen pro Jahr, unter Berücksichtigung von Hilfspersonal. Dieser Rahmen ist jetzt nicht mehr zu halten. Das Investitionslenkungsamt beschäftigt wesentlich mehr Mitarbeiter als das Investitionsmeldeamt.

Das Bundesamt für Investitionslenkung

Hauptabteilung I

Abteilung für Ersterfassung
Abteilung für Revisionswesen
Rechenzentrum

Hauptabteilung II

Abteilung für Investitionsgenehmigungen
Abteilung für Investitionsverordnungen
Koordinationsstelle Verbraucherfragen

Hauptabteilung III

Abteilung für statistische Auswertungen
Abteilung für wirtschaftswissenschaftliche Methoden

Hauptabteilung IV

Abteilung für Personalwesen
Verwaltung
Abteilung für regionale Koordination
Abteilung für Öffentlichkeitsarbeit

Auch in den Unternehmen ist es jetzt nicht mehr – wie zu Zeiten des Amtes für Investitionsmeldewesen – mit wenigen zusätzlichen Mitarbeitern getan. Zum einen sind die Investitionsanträge wesentlich umfangreicher als ehedem die entsprechenden Investitionsmeldungen, und auf die Formulierung dieser Anträge muß größere Sorgfalt verwandt werden (Risiko der Ablehnung). Zum anderen muß der Bereich der verordneten Investitionen organisatorisch verkraftet werden. Die meisten Unternehmen gehen dazu über, für diesen Bereich ein eigenes – weitgehend isoliertes – Ergebniszentrum zu bilden, um die Auswirkungen der ungewollten Investitionen stets genau im Blick zu haben und nicht mit dem eigentlichen Unternehmenserfolg zu vermengen.

Zum Zweck der Ergebnisanalyse werden die Ergebnisse dieses neuen Tätigkeitsbereiches dann den „außerordentlichen" Erträgen beziehungsweise Aufwendungen zugeordnet.

Meldung der Bonner Tageszeitung „Die Republik" vom 12. 11. 1981

Verbraucherverbände haben starken Zulauf

Bonn. In ihrer gestrigen Verlautbarung gab die Interessengemeinschaft der Verbraucherverbände bekannt, daß in den letzten sechs Monaten die Mitgliederzahl der einzelnen Regionalverbände im Durchschnitt um fast 300 Prozent gestiegen ist. Gleichzeitig wies die Interessengemeinschaft mit Nachdruck darauf hin, daß sie die in letzter Zeit aufgetretenen Engpässe bei der Versorgung ihrer Mitglieder nicht hinnehmen wird. Wie aus Kreisen des Präsidiums dazu bekannt wurde, will man auf der nächsten gemeinsamen Sitzung der Verbraucher- und Unternehmensverbände diese Schwierigkeiten zur Sprache bringen.

Meldung der Bonner Tageszeitung „Die Republik" vom 13. 11. 1981

BIU bestellte Verbrauchergutachten

Köln. Wie erst jetzt bekannt wurde, hat der Bundesverband der Investitionsgelenkten Unternehmen (BIU) Anfang des Jahres bei dem Kölner Institut für empirische Verbrauchsforschung ein Gutachten in Auftrag gegeben, welches die Frage erhellen soll, ob man mit Umfragen die tatsächlichen Bedürfnisse der Verbraucher ermitteln kann. Einen Auszug aus diesem Gutachten finden Sie im Anschluß an diese Meldung. Wie ein Sprecher des Verbandes weiter bekanntgab, hat das Präsidium des Verbandes die Kritik der Interessengemeinschaft der Verbraucherverbände zurückgewiesen. Nicht die Unternehmen, sondern die Genehmigungspraxis des Bundesamtes für Investitionslenkung sei die Ursache der Versorgungsschwierigkeiten. Die Umsetzung der Umfrageergebnisse in Investitionsgenehmigungen und -verordnungen sei lückenhaft.

Auszug aus dem von dem Kölner Institut für empirische Verbrauchsforschung erstellten Gutachten „Zur Frage der Konsolidierung einer gesamtgesellschaftlichen, wirtschaftlich operationalen Wertestruktur aus individuellen Werten“:

Aufgabe dieses Gutachtens ist es nicht, die Frage zu klären, inwieweit es möglich ist, Umfrageergebnisse in Investitionsgenehmigungen und -verordnungen umzusetzen, sondern, ob die den Entscheidungen des Bundesamtes für Investitionslenkung zugrunde liegenden Umfrageergebnisse die tatsächliche Bedürfnisstruktur der Bevölkerung wiedergeben.

Aufgrund unserer Untersuchungen sind wir zu dem Ergebnis gekommen, daß die Ableitung gesamtgesellschaftlicher Werte aus individuellen Werten äußerst problematisch ist. Das kann an Hand eines einfachen Beispiels gezeigt werden. Um jeden Bezug zu aktuellen Ereignissen von vornherein auszuschließen, haben wir ein Beispiel konstruiert.

Angenommen, es kandidieren Helmut Schmidt, Willy Brandt und Heidemarie Wieczorek-Zeul für das Amt des Parteivorsitzenden der SPD. Ebenfalls unterstellt wird, daß innerhalb der Partei drei Gruppierungen existieren. Die entsprechenden Prozentzahlen haben wir vollkommen willkürlich gewählt.

Die erste Gruppierung umfaßt 40 Prozent der Mitglieder. Sie entscheidet sich bei der Alternative Schmidt – Brandt für Schmidt, bei der Alternative Brandt – Wieczorek-Zeul für Brandt und bei der Alternative Schmidt – Wieczorek-Zeul wieder für Schmidt.

Die zweite Gruppierung, die ebenfalls 40 Prozent der Mitglieder ausmacht, entscheidet sich zwischen Schmidt und Brandt für Brandt, zwischen Brandt und Wieczorek-Zeul für Brandt, zwischen Schmidt und Wieczorek-Zeul für Wieczorek-Zeul.

Die dritte Gruppierung, die die verbleibenden 20 Prozent der Mitglieder stellt, wählt bei der Alternative Schmidt – Brandt Schmidt, bei der Alternative Brandt – Wieczorek-Zeul Wieczorek-Zeul, bei der Alternative Schmidt – Wieczorek-Zeul Wieczorek-Zeul.

Das heißt: Obwohl Schmidt gegenüber Brandt, Brandt gegenüber Wieczorek-Zeul gewinnt, gewinnt Wieczorek-Zeul gegenüber Schmidt (vgl. die nachstehende Abbildung). Es sei noch einmal betont, daß es sich um einen rein hypothetischen Fall handelt, an dem aber deutlich wird, wie Widersprüche bei der Übersetzung individueller in gesellschaftliche Präferenzen entstehen können.

Solche Widersprüche werden bei den Wahlen in parlamentarischen Demokratien insofern ausgeschaltet, als in der Regel zwei Kandidaten durch eine spezielle Vorauslese ermittelt und einander gegenübergestellt werden. Sie können jedoch dann wirksam werden, wenn der Reihe nach über alternative Gesetzentwürfe oder Wirtschaftspläne oder über Mengen gesellschaftlicher Werte abgestimmt werden soll.

	Wählerschicht			
Alternative	1 (40 Prozent)	2 (40 Prozent)	3 (20 Prozent)	
Schmidt – Brandt	Schmidt	Brandt	Schmidt	60 Prozent für Schmidt
Brandt – Wieczorek-Zeul	Brandt	Brandt	Wieczorek-Zeul	80 Prozent für Brandt
Schmidt – Wieczorek-Zeul	Schmidt	Wieczorek-Zeul	Wieczorek-Zeul	60 Prozent für Wieczorek-Zeul

Rekapitulieren wir: Dem Bundesamt für Investitionslenkung wird vorgeworfen, daß

- es die tatsächlichen Bedürfnisse der Bevölkerung nicht kennt und
- nicht in der Lage ist, die Investitionen so zu steuern, daß sie den tatsächlichen Bedürfnissen der Wirtschaftssubjekte entsprechen.

Versetzen Sie sich einmal in die Lage des Präsidenten des Bundesamtes für Investitionslenkung und überlegen Sie, wie er der Kritik an der Arbeit seines Amtes begegnen wird.

Die Vorwürfe gehen natürlich an die Substanz des Amtes. Der Präsident muß in irgendeiner Weise reagieren. Wie die Erfahrung lehrt, übt ein Mensch in seiner Position keine Selbstkritik. Er wird daher die Arbeit des Amtes nicht in Frage stellen oder gar dessen Auflösung beantragen. Vielmehr wird er sich und sein Amt mit einer Vorwärtsstrategie verteidigen.

Auszug aus den Tagesnachrichten des Bundesamtes für Investitionslenkung vom 16. 11. 1981

Der Präsident des Bundesamtes für Investitionslenkung Dr. Lenker zu Fragen der Genehmigungspraxis

Die in der letzten Zeit aus bestimmter Richtung laut gewordene Kritik, insbesondere an der Arbeit der Koordinationsstelle für Verbraucherfragen innerhalb der Hauptabteilung II unseres Amtes muß mit Entschiedenheit zurückgewiesen werden. Diese Kritik und das Gutachten des Kölner Instituts für Verbrauchsforschung gehen von falschen Voraussetzungen hinsichtlich der Bedeutung der von der Koordinationsstelle erstellten Umfragen aus. Die Untersuchungen über die Präferenzen der Konsumenten bilden nicht die alleinige Entscheidungsgrundlage für die Genehmigungs- und Verordnungspraxis unseres Hauses. Diese Interpretation ist ein grobes Mißverständnis der Arbeit unseres Amtes. In dem Fall hätten wir es beim Investitionslenkungsmaßstab Rendite belassen können. Uns ist aber bewußt, daß die durch Umfragen festgestellten Bedürfnisse nicht die wahren Wünsche der Bevölkerung wiedergeben. Bei solchen Umfragen sind die vom Staat bereitgestellten öffentlichen Güter regelmäßig unterrepräsentiert, denn die Finanzierung dieser Güter erfolgt nicht über Marktpreise, sondern über Umlagen, also über Steuern. Die festgestellten Konsumentenwünsche müssen daher mit den politischen Absichten der Regierung abgestimmt werden. Erst unter Berücksichtigung beider – der Konsumentenwünsche und der Regierungsabsichten – kann eine operationale Prioritätenskala erarbeitet werden, die den in unserem Amt Tätigen – insbesondere den Mitarbeitern der Abteilungen Investitionsgenehmigung und Investitionsverordnung – für die Investitionsentscheidungen als Richtschnur dient.

Im übrigen sind wir der Ansicht, daß die Arbeit der Koordinationsstelle für Verbraucherfragen von herausragender Bedeutung ist. Ich habe daher gestern der Bundesregierung vorgeschlagen, diese wichtige Aufgabe einem selbständigen Bundesamt für Verbraucherfragen zu übertragen. Die in unserem Amt verbleibende Koordinationsstelle für Verbraucherfragen würde dann für die Kontakte zu dem neuen Amt zuständig sein.

IV. Das Bundesamt für Verbraucherfragen

Meldung der Bonner Tageszeitung „Die Republik“ vom 11. 12. 1981:

Bonn will Amt für Verbraucherfragen

Bonn. Auf der gestrigen Kabinettssitzung hat die Bundesregierung beschlossen, ein Bundesamt für Verbraucherfragen zu errichten. Wie der Sprecher der Bundesregierung bekanntgab, hat die neue Behörde die Aufgabe, eine Konsumgüter-Rangordnung zu erstellen, die als systematische Unterstützung für Investitionsentscheidungen (Ablehnung/Genehmigung eines Investitionsantrages/Investitionsverordnung) dem Bundesamt für Investitionslenkung vorgelegt werden soll. Wie der Sprecher weiter mitteilte, hat das neue Amt mehrere wichtige Teilaufgaben zu lösen:

- Erfassung der produzierten Konsumgüter und Einordnung derselben in Kategorien,
- Entwicklung und Anwendung von Methoden, Präferenzen der Bevölkerung hinsichtlich dieser Kategorien festzustellen,
- Einarbeitung staatlicher Präferenzen in die ermittelten Präferenzen der Bevölkerung,
- Formulierung der Ergebnisse zur Begründung von Investitionsentscheidungen.

1. Die operationale Bedarfsrangskala

In einem Artikel vom 4. 5. 1982 setzt sich die Fachzeitschrift „Die Wirtschaft“ – vormals „Die Marktwirtschaft“ – kritisch mit der täglichen Arbeit des Bundesamtes für Verbraucherfragen auseinander. Wir veröffentlichen einen Auszug, der sich mit der Erstellung von Bedarfsrangskalen beschäftigt:

Nachdem das Amt in intensiven und langwierigen Diskussionen eine allgemeine Bedarfsrangskala (vgl. nachstehende Übersicht) erstellt hat, hat es sich nun in seiner täglichen Arbeit mit dem Problem der Einordnung jedes einzelnen Konsumgutes in diese Skala zu beschäftigen. Eine unübersehbare Zahl von Entscheidungen muß gefällt werden.

Der heutige Konsument steht zum Beispiel beim Erwerb eines Kühlschranks einem Angebot von mehr als 100 Typen gegenüber, die sich durch eine Reihe von quantifizierbaren, „ästhetischen“ oder bequemlichkeitsbezogenen Merkmalen unterscheiden. Zweifellos fällt ein Kühlschrank auf den ersten Blick in die Kategorie des „individuellen Grundbedarfs“. Andererseits gibt es Modelle, die eine aufwendige Geruchsabsorptionsanlage besitzen, automatisch entfrosten, eine besonders geringe Temperatursteigerung pro Stunde bei Stromausfall aufweisen, eine hohe Gefrierkapazität und einen entsprechend hohen Preis haben, so daß man mit gewisser Berechtigung von „gehobenem Individualbedarf“ sprechen könnte. Sogar „privater Luxuskonsum“ ist denkbar, wenn man jene Modelle ansieht, die in der zur Ausstattung der Küche passenden Verkleidung geliefert werden. Wie wird sich das Amt nun entscheiden? Wie werden die einzelnen Kühlschränke eingeordnet? Man kann sich vorstellen, daß – je nach individueller Situation und Meinung der eigenen Familie – die Ansichten der Mitarbeiter des Amtes auseinander gehen werden, ebenso wie die Antworten auf entsprechende Umfragen. Außerdem kann man nicht für jede der unzähligen Entscheidungen eine Umfrage machen.

Die Bedarfsrangskala

1. individueller Grundbedarf
2. öffentlicher Grundbedarf
   (a) ergänzend zum individuellen Grundbedarf
   (b) gesellschaftlich erwünschte Bedarfsdeckung (zum Beispiel soziale Dienste)
   (c) Wachstumsinvestitionen mit bildungsökonomischer und produktionstechnischer Komponente
3. gehobener Individualbedarf
4. öffentlicher Zusatzbedarf (internationale Leistungen, Wissenschaftsförderung)
5. privater Luxuskonsum

Quelle: Die Zeit, 13. April 1973, Interview mit W. Meißner.

Das hier am Beispiel des Kühlschranks aufgezeigte Entscheidungsproblem stellt sich dem Bundesamt für Verbraucherfragen bei jedem Konsumgut. Das führt leider dazu, daß man sich zu einfachen, teilweise radikalen Einordnungen entschließt, Minderheitsmeinungen zunächst unberücksichtigt läßt und Globalformeln anwendet. Auf diese Weise wird die Konsumgüterklassifizierung vollzogen. Danach wendet sich das Amt der Frage zu, wie ein hypothetisches Budget für Konsumausgaben insgesamt auf die Kategorien und dann innerhalb der Kategorien aufzuteilen wäre.

Resultat dieser Bemühungen ist ein anzustrebender volkswirtschaftlicher Warenkorb, alternativ für verschiedene Niveaus des Volkseinkommens. Dieser Warenkorb wird im Rahmen eines zeitlich vereinbarten Planungszyklus vom Bundesamt für Verbraucherfragen dem Bundesamt für Investitionslenkung mitgeteilt. Zum einen spiegelt er den in der letzten Periode tatsächlich produzierten Warenkorb wider, da er sich hinsichtlich der Produktionsprioritäten im realistischen Bereich bewegen und als Richtlinie für das Investitionslenkungsamt brauchbar sein muß. Zum anderen unterstreicht er die Bedarfskategorie beziehungsweise innerhalb der Bedarfskategorien die Produktgruppen und Produkte, deren Produktion nach Maßgabe der produktionstechnischen Möglichkeiten und entsprechender Investitionen ausgedehnt werden soll. Dazu werden auch mengenmäßige Zielziffern für einen Fünf-Jahres-Zeitraum genannt.

In der Bundesrepublik Deutschland befinden sich ungefähr 14 Millionen verschiedene Güter auf dem Markt. Die Erstellung und die von Zeit zu Zeit nötige Revision der jeweiligen Bedarfsrangordnung ist für das Amt eine unlösbare Aufgabe.

Überlegen Sie einmal, wie das Amt die ihm gestellte Aufgabe wenigstens annähernd bewältigen kann?

2. Die Tendenz zur Vereinheitlichung

Meldung der Bonner Tageszeitung „Die Republik“ vom 11. 10. 1982:

Kritik am Verbraucheramt

Köln. Auf der Grundsatztagung des Fachverbandes Krawatten in der Interessengemeinschaft der Verbraucherverbände wurde die zunehmende Standardisierung der Krawatten beklagt. Wie der Verbandsvorsitzende darlegte, sei durch Erstellung einer Produktionsstatistik und durch Umfragen ermittelt worden, daß pro Monat wesentlich mehr Krawatten produziert und verkauft als von Krawattenkäufern ausrangiert werden. Das damit verbundene Ansteigen des Krawattenkoeffizienten (Bestand an Krawatten pro Kopf der männlichen Bevölkerung ab dem 16. Lebensjahr) habe das Bundesamt für Verbraucherfragen im Juli veranlaßt, die ursprünglich zum individuellen Grundbedarf gehörenden Krawatten anderen – mit niedrigerer Priorität versehenen – Bedarfskategorien zuzuordnen und im übrigen die Zahl der laut anzustrebendem Warenkorb zu produzierenden Krawatten zu vermindern. Das Investitionslenkungsamt genehmige daher keine Maschinen mehr, die Krawattenstoffe produzieren.

Im anschließenden Grundsatzreferat ging der Planungsexperte Professor Dr. Engels auf allgemeine Fragen einer zur Bürokratie tendierenden Wirtschaft ein. Nach seiner Auffassung verdiene das Verbraucheramt für seine pragmatische Arbeit Anerkennung, denn es sei dem Amt gelungen, das Planungsproblem durch Vereinheitlichung der Produkte auf dem Konsumgütersektor in überschaubaren Grenzen zu halten. Wie er weiter betonte, werde das Amt bei der Lösung dieses Problems durch die Tatsache unterstützt, daß der freie Wettbewerb, also der Drang der Wettbewerber, durch neue und verbesserte Produkte zu neuen Marktchancen zu kommen, erfreulicherweise zurückgegangen sei.

Auf die Nachteile der Vereinheitlichung angesprochen, gab Professor Engels zu, daß zwar das teilweise vorhandene Bedürfnis nach schönen und bequemen Dingen unerfüllt bliebe, dies werde aber dadurch aufgewogen, daß der individuelle Grundbedarf zum Beispiel durch eine Einheitskrawatte auf jeden Fall gesichert sei.

Überlegen Sie einmal, was das Bundesamt für Verbraucherfragen tun kann, wenn die männlichen Personen ab dem 16. Lebensjahr nicht mit einer Einheitskrawatte zufrieden sind und ihren individuellen Bedarf durch noch mögliche Käufe im Ausland oder durch handgestrickte Krawatten decken?

Auszug aus den Tagesnachrichten des Bundesamtes für Verbraucherfragen vom 12. 11. 1982:

Bundesregierung genehmigt Werbeetat für das Bundesamt

Auf ihrer gestrigen Kabinettssitzung hat die Bundesregierung beschlossen, die für die Werbemaßnahmen des Bundesamtes für Verbraucherfragen notwendigen Mittel bereitzustellen. Mit diesen Werbemitteln sollen die Werbemaßnahmen von Unternehmen unterstützt werden, deren Bestände infolge unvorhergesehener Nachfragestagnation auf das Mehrfache der Quartalsproduktion gestiegen sind. Die Verantwortung für den Einsatz der Mittel liegt beim Bundesamt für Verbraucherfragen.

Meldung der Bonner Tageszeitung „Die Republik“ vom 13. 11. 1982:

Kritik an Bonner Werbemaßnahmen

Bonn. Die von der Bundesregierung beschlossenen Werbemaßnahmen sind innerhalb der Regierungsparteien auf heftige Kritik gestoßen. Insbesondere die linken Flügel der Regierungsparteien lehnen diese Maßnahmen ab, weil damit nach ihrer Ansicht die lange Tradition der kapitalistischen Manipulation der Konsumentenbedürfnisse fortgesetzt wird. Der Regierungssprecher verteidigte die Maßnahmen mit der Erläuterung:

„Wenn wir die Berücksichtigung vorhandener und die aktive Entwicklung neuer Bedürfnisse erläutern, so versteht es sich von selbst, daß es sich hierbei prinzipiell nur um gesunde und vernünftige Bedürfnisse handeln kann, um Bedürfnisse . . . deren allseitige Entwicklung der sozialistischen Persönlichkeit und dem gesellschaftlichen Fortschritt dient.“ (G. Fabiunke, O. Grunewald, I. Lehm, Verkaufspsychologie, Berlin (Ost) 1968.)

V. Das Amt für Bankenkoordination

Auszug aus der Fachzeitschrift „Die Wirtschaft“ – vormals „Die Marktwirtschaft“ – vom 18. 1. 1983:

Die in letzter Zeit in beunruhigender Weise gestiegene Zahl der Konkurse im Bereich der investitionsgelenkten Unternehmen hat den Bundesverband der Investitionsgelenkten Unternehmen (BIU) veranlaßt, einen Expertenausschuß einzusetzen, der sich mit den Konsequenzen der staatlichen Investitionslenkung hinsichtlich der den Unternehmen entstehenden Finanzierungskosten auseinandersetzen soll. Die Ergebnisse der Expertenarbeit geben wir im folgenden ungekürzt wieder:

1. Genehmigungswahrscheinlichkeit als Risikofaktor

„Für ein in hartem Wettbewerb stehendes Unternehmen bedeutet die Einschränkung der Freiheit, unter Beachtung ‚nachlesbarer‘ staatlicher Nebenbedingungen Investitionen autonom entscheiden zu können, ein kaum abzuschätzendes zusätzliches Risiko. Investitionen sind wichtige Parameter für den Wettbewerb. Wenn früher ein Unternehmen durch rechtzeitige Errichtung eines neuen Werkes die Stückkosten eines bestimmten Produktes senken und seine Wettbewerbsposition verbessern wollte, dann mußte es vorher in Verhandlungen mit den zuständigen Behörden (Gemeinde, Gewerbeaufsichtsamt) die Standort- und Umweltfragen klären: wenn es die entsprechenden Gesetze und Verordnungen erfüllte, stand der Investition nichts mehr im Wege. Jetzt ist das Unternehmen gezwungen, den Genehmigungsweg zu beschreiten, wobei es keine ‚nachlesbaren‘ Entscheidungskriterien des Investitionslenkungsamtes gibt. Wie das Amt entscheiden wird, hängt von vielen – nicht genau vorhersehbaren – Faktoren ab, eben von der komplizierten bürokratischen Entscheidungsfindung. Das Unternehmen muß also in seiner Investitionsrechnung, die die Wirtschaftlichkeit des Projektes herausfinden soll, neben den erwarteten Preisen, Kostensätzen, Mengen, Beschäftigten etc. ein völlig neues Element berücksichtigen, nämlich die sogenannte Genehmigungswahrscheinlichkeit und die wahrscheinliche Dauer des Genehmigungsprozesses. Investitionen können aus der Sicht des Unternehmens in die in nachstehender Abbildung dargestellten eingeteilt werden. Denn nach einiger Zeit kristallisieren sich Erfahrungswerte mit den genehmigenden Behörden heraus.

Die Genehmigungswahrscheinlichkeitsmatrix (Gewamat)

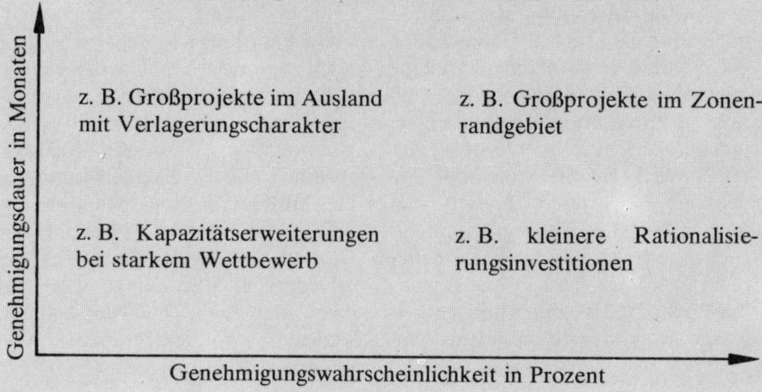

Um nur einige Standardbeispiele zu nennen: Unmittelbar einleuchtend ist, daß Erweiterungsinvestitionen bei starkem Wettbewerb häufig ziemlich schnell abschlägig beschieden werden, es sei denn, die Nachfrage wächst sehr stark. Hier wird immer wieder das Argument angeführt, die Erweiterungsinvestition ersetze noch funktionsfähige Anlagen und bedeute daher Verschwendung. Bei Großprojekten gibt es generell lange Wartezeiten, kleinere Rationalisierungsvorhaben haben mehr Chancen. Genau vorhersehen läßt sich die Einordnung allerdings keinesfalls. Personelle Veränderungen können schnell zu anderer Handhabung der Genehmigungsprozeduren führen. So weiß man etwa, daß der Beamte, der in der Amtsstelle des Bundesamtes für Investitionslenkung im entsprechenden Verwaltungsbezirk die Entscheidungen für Investitionen im Bereich der Textilindustrie maßgeblich beeinflußt, Erweiterungsinvestitionen wesentlich schneller genehmigt als sein Stellvertreter.

Je länger die Genehmigung auf sich warten läßt, desto mehr Nachteile entstehen. Es müssen etwa Grundstücksverhandlungen so lange verzögert werden, bis Klarheit besteht, Lizenzgeber müssen vertröstet werden, an bestimmte Zeitpunkte gebundene Rabatte gehen verloren, die Preissituation verändert sich, eventuell so, daß man nicht – wie ursprünglich geplant – nach dem Start in eine gute Beschäftigungslage kommt, die ausländische Konkurrenz erhält einen Zeitvorsprung, das Projektteam ist zur Untätigkeit verurteilt und so weiter. Entsprechendes gilt auch für die Absetzung bereits früher genehmigter Projekte, die ebenfalls genehmigungspflichtig ist.

2. Investitionsauflagen und Rentabilität

Ein besonderes Problem für die Unternehmen sind Investitionsverordnungen. Wenn ein Unternehmen eine ungewollte Investition durchführen muß, kann das in gravierenden Fällen die gesamte Unternehmensstrategie umwerfen. Das Management muß sich mit Investitionen beschäftigen, von denen es nicht überzeugt ist, was im Hinblick auf die Motivation bedenklich ist. Andere Investitionen müssen aus Liquiditätsgründen zurückgestellt werden, können daher nicht beantragt werden. Die geplanten Erträge müssen nach unten korrigiert werden, weil die befohlene Investition sicher nicht oder nur in seltenen Ausnahmefällen gewinnbringend ist. Außerdem müssen die Unternehmen ständig auf eine Investitions-Anordnung gefaßt sein, das heißt sie müssen sich entsprechend vorbereiten. Das alles hat einen negativen Einfluß auf die Rentabilität des Unternehmens, auf die Produktstruktur, auf die Standorte und auf die Motivation des Managements. Die für eine optimale Steuerung der Gewinn- und Liquiditätsentwicklung erforderliche Flexibilität wird bei dem einen mehr, bei dem anderen weniger stark eingeschränkt.

3. Die Reaktion der Banken und Aktionäre

Natürlich werden auch die Kapitalmärkte, auf denen die Unternehmen ihre Finanzierung besorgen, durch die Entwicklungen in umfassender Weise betroffen, und zwar sowohl die Märkte für Eigenkapital (Aktienbörse) als auch die für Fremdkapital.

Folgender Fall ist denkbar:

- Ein Unternehmen fällt im Wettbewerb um einen bestimmten Markt zurück, weil eine Kapazitätserweiterung, die den Anschluß an ausländische Konkurrenten ermöglicht hätte, nicht genehmigt wurde.
- Die Umsätze bestimmter Tochtergesellschaften gehen zurück, da man bei Preissenkungen der Konkurrenz nicht mitziehen konnte. Dazu hätte es einer neuen Produktionsanlage bedurft. Diese wurde nicht genehmigt, da eine daraus resultierende Verminderung der Zahl der Beschäftigten nicht mit der konjunkturellen Situation zu vereinbaren war.
- Die Erträge in bestimmten Produktbereichen gehen ebenfalls zurück. Das hängt unmittelbar mit der vom Investitionslenkungsamt verordneten Diversifikation* in diesem Produktbereich zusammen, die mit der Konjunkturlage, den Prioritäten der Bedarfsrangskala, früherer Aktivität des Unternehmens in verwandten Produktbereichen und langfristigem Fortschritt begründet wurde.

Das mit Sicherheit zu erwartende Abwandern des Eigenkapitals – die Aktionäre werden ihre Aktien verkaufen – hat zur Folge, daß die Aktienkurse sinken und damit die Reproduzierbarkeit des Eigenkapitals getroffen wird. Emissionen sind kaum noch möglich. Die Banken sind ebenso wie die Versicherungsgesellschaften, zum Teil aufgrund von gesetzlichen Bestimmungen, zum Teil aufgrund von Rentabilitäts- und Risikoüberlegungen in einer solchen Situation extrem zurückhaltend, was die Bereitstellung von Fremdkapital betrifft. Das führt zu einer allgemeinen Welle der Unterfinanzierung in den Unternehmen. Es muß damit gerechnet werden, daß die Zahl der Konkurse weiter steigt."

* *Anmerkung der Redaktion:* Darunter versteht man eine Unternehmenspolitik, die auf Erweiterung des Produktionssortiments unter Berücksichtigung der Produktions- und Absatzstruktur des Unternehmens gerichtet ist.

Versuchen Sie, die Reaktion der Bundesregierung angesichts der steigenden Zahl von Unternehmenszusammenbrüchen einzuschätzen!

Auf der einen Seite kann die Bundesregierung die neu geschaffenen Ämter aus den schon dargelegten Gründen, die nun – wegen der gestiegenen Zahl der Beamten – ein noch größeres Gewicht bekommen, nicht abschaffen. Auf der anderen Seite muß sie aber – will sie die Privatwirtschaft nicht ganz beseitigen – dafür sorgen, daß den Unternehmen Mittel zur Finanzierung der genehmigten und verordneten Investitionen zur Verfügung stehen.

Meldung der Bonner Tageszeitung „Die Republik" vom 4. 2. 1983:

Bundesamt für Bankenkoordination beschlossen

Bonn. Angesichts der bedrohlich zunehmenden strukturellen Arbeitslosigkeit, die auf zahlreiche Unternehmenszusammenbrüche zurückzuführen ist, hat sich die Bundesregierung auf ihrer gestrigen Kabinettssitzung für schnelle und harte Maßnahmen ausgesprochen. Wie der Regierungssprecher bekanntgab, soll unverzüglich mit der Errichtung eines Bundesamtes für Bankenkoordination begonnen werden, um die Investitions-Finanzierung der Unternehmen zu sichern. Wie der Regierungssprecher weiter ausführte, vertrat die Mehrheit des Kabinetts die Ansicht, daß die kapitalistischen Attitüden der Banken sich nicht mit dem Investitionslenkungsverfahren vereinbaren lassen. Daher sei man leider gezwungen, das Bankensystem staatlicher Kontrolle zu unterstellen.

Aus den Tagesnachrichten des Bundesamtes für Bankenkoordination vom 5. 4. 1983:

Der Präsident des Bundesamtes für Bankenkoordination Dr. Kregabe zu Fragen der Kreditvergabe

Die mit höchster Dringlichkeit und in enger Abstimmung mit dem Bundesamt für Investitionslenkung vorgenommene Prüfung der bisherigen Struktur des Bankensystems hat ergeben, daß diese Struktur den modernen Anforderungen eines Wirtschaftssystems mit zentraler Investitionslenkung nicht gerecht wird. Der Konflikt zwischen den aufgrund von Interessen der Gesamtgesellschaft genehmigten oder verordneten Investitionen auf der einen Seite, den an der finanziellen Bonität interessierten Banken auf der anderen Seite ist nicht zu überbrücken. Das Bundesamt für Bankenkoordination wird daher von § 2 des Gesetzes über die Tätigkeit des Bundesamtes für Bankenkoordination – Übertragung der unternehmerischen Lenkungsfunktion der Banken auf das Bundesamt für Bankenkoordination – Gebrauch machen. Die notwendige und noch zu erarbeitende Verordnung über die Regelung der Kreditvergabe wird folgende Grundzüge enthalten:

1. Neben der Überprüfung des Cash flow, der Rendite, des finanziellen Risikos, des Fremd-/Eigenkapitalsatzes und anderer Bilanzkennziffern werden völlig neue Maßstäbe angelegt. So sind verordnete Investitionen ohne weiteres zu finanzieren. Unternehmen, die von der Zurückhaltung beziehungsweise dem Rückzug ausländischer Finanzierungsinstitute betroffen sind, sind zu gleichen Konditionen zu refinanzieren. Die Konditionen staffeln sich im übrigen nach den Prioritätenlisten des Bundesamtes für Verbraucherfragen.

2. Unternehmenszusammenbrüche, die durch einen kurzfristig eintretenden Liquiditätsengpaß entstehen könnten, sollen vermieden

werden, wozu das Instrument eines Überbrückungskredits · mit Bundesgarantie zu niedrigsten Zinssätzen geschaffen wird. Um mißbräuchliche Inanspruchnahme zu vermeiden, wird innerhalb des Bundesamtes eine spezielle Kommission geschaffen, die sich ausschließlich diesem Problem widmet. Die Kommission nimmt bei ihrer Arbeit einen mittlerweile zur Verfügung stehenden Konkurskatalog zu Hilfe, der die Kriterien zur Beurteilung von Konkursen systematisiert.

Meldung der Bonner Tageszeitung „Die Republik" vom 6. 4. 1983:

Kurssturz an deutschen Börsen

Frankfurt. Wie kurz vor Redaktionsschluß bekannt wurde, sind die Aktienkurse bundesrepublikanischer Unternehmen so extrem gesunken, daß alle Notierungen ausgesetzt werden mußten. In der allgemeinen Hektik war es dem Vernehmen nach zwischenzeitlich sogar zu negativen Kursen gekommen. Aus unterrichteten Kreisen war zu erfahren, daß der Kursverfall bundesrepublikanischer Aktien schon seit längerer Zeit mit Sorge beobachtet wurde. Es sei nicht auszuschließen, daß zahlreiche Börsenmakler die Stellenangebote des Bundesamtes für Bankenkoordination annehmen werden.

4. Die Widersprüche im System

Unterbrechen wir hier einmal den Prozeß der zunehmenden Bürokratisierung und halten fest, was bisher geschehen ist: Wir haben uns mit der Errichtung einzelner Planungsbehörden befaßt. Den Ausgangspunkt bildete das Investitionsmeldeamt, das nach einiger Zeit in ein Investitionslenkungsamt umgewandelt wurde; die für seine Arbeit wesentlichen Informationen erhielt es von einem Amt für Verbraucherfragen. Dann wurde die durch die Tätigkeit des Investitionslenkungsamtes notwendig gewordene Errichtung des Amtes für Bankenkoordination beschrieben, das die Finanzierung der Unternehmen durch das mittlerweile verstaatlichte Bankensystem unter den veränderten Bedingungen sicherstellen soll. Von einem marktwirtschaftlichen System kann nach Errichtung dieser Ämter nur noch in rein theoretischer Form gesprochen werden. Im Gegensatz zu den Kapitalmärkten werden die Märkte für industrielle Produkte zwar noch nicht direkt reguliert, jedoch verursachen die organisatorischen Änderungen des Wirtschaftssystems auf diesen Märkten radikale Veränderungen, so daß von einer Preisfindung im marktwirtschaftlichen Sinn nicht mehr die Rede sein kann.

Wie sich herausstellt, reagieren die Unternehmen zwar auf die bürokratischen Kommandos, jedoch werden die Behörden durch die Konsequenzen dieser Reaktionen oft völlig überrascht. In den verschiedensten Wirtschaftsbereichen treten Engpässe auf; viele Unternehmen geraten – trotz des dicht gespannten Netzes zusätzlicher staatlicher Finanzierungshilfen – auf Grund enormer Verluste in Liquiditätsschwierigkeiten; es kommt zu Arbeitslosigkeit und Inflation in heute ungeahnten Ausmaßen.

Auszug aus der Fachzeitschrift „Die Wirtschaft" – vormals „Die Marktwirtschaft" – vom 6. 3. 1984:

Wie wir erst jetzt erfahren haben, hat die Bundesregierung vor einiger Zeit angesichts der sich häufenden Planungsprobleme beim Sachverständigenrat für die gesamtgesellschaftliche Wirtschaft ein Sondergutachten bestellt. Das Gutachten – das wegen seiner kritischen Beurteilung in den Schubladen des Bundeskanzleramtes ruht – beschäftigt sich mit den Folgen der Planung für die Unternehmen. Das Gutachten wurde uns von dritter Seite zugänglich gemacht. Wir veröffentlichten einen Auszug daraus:

„Der Grund für die sich häufenden wirtschaftlichen Probleme liegt letztlich darin, daß der Marktmechanismus an entscheidenden Stellen außer Kraft gesetzt wurde, die Unternehmen an anderen Stellen jedoch noch autonome marktwirtschaftliche Reaktionsmöglichkeiten besitzen. Die bisher errichteten Planungsämter sind nicht in der Lage, die Reaktionen der Unternehmen vorherzusehen, weil sie nicht die intime Kenntnis der Produktionsabläufe besitzen, die notwendig ist, um zu beurteilen, welche Auswirkungen zum Beispiel eine Kapazitätsänderung durch eine Investition an einer bestimmten Stelle eines Unternehmens auf das optimale Produktionsprogramm des gesamten Unternehmens hat. Noch existieren Gewinnmechanismus und Privateigentum; daher können die Planungsämter unterstellen, daß die Unternehmen weiterhin gewinnorientiert reagieren werden. Damit sind aber auch die Möglichkeiten, Unternehmensreaktionen einzuschätzen, erschöpft. Das Bundesamt für Investitionslenkung ist auf Investitionsplanung im engeren Sinne ausgerichtet. Komplizierte und ohnehin kaum in einem normalen Berichtswesen zu erfassende Produktionsfunktionen, wie Input-Output-Relationen und Kapazitätsinformationen, die für die Vorhersage der Reaktionen der Unternehmen notwendig wären, liegen dem Bundesamt nicht vor.

Es erweist sich aber stets aufs neue, daß eine Investition nicht isoliert beurteilt und gelenkt werden kann; das Unternehmen, in das sich die Investition einfügen soll, muß bei der Beurteilung im Vordergrund stehen. Wer Investitionen rational planen will, muß die entsprechenden Unternehmen insgesamt planen. Investitionslenkung bedeutet Unternehmenslenkung. Um der Einheit von Unternehmens- und Investitionslenkung gerecht zu werden, muß bei der Beurteilung einer Investition das Unternehmen ‚nach der Investition' dem Unternehmen ‚ohne Investition' gegenübergestellt werden.

Besonders deutlich wird der beschränkte Informationsstand, wenn das Investitionslenkungsamt die vom Bundesamt für Verbraucherfragen ermittelten Bedarfsrangskalen als Richtlinie für konkrete Investitionsgenehmigungen oder Auflagen verwenden will. Nur in seltenen Ausnahmefällen wird es gelingen, Investitionsanträge mit einer Prioritätenliste von Konsumgütern in sinnvoller Weise zu verknüpfen. Denn das Investitionslenkungsamt kann auf Grund mangelnder Information nicht übersehen, wie sich die entsprechenden Investitionen auf die Konsumgüterproduktionsstruktur auswirken werden. Es ist schon schwierig, die Auswirkung einer Investition auf ein Vielproduktunternehmen zu beurteilen; um etliches schwieriger ist es, die bewirkten Veränderungen im volkswirtschaftlichen Warenkorb einzuschätzen. Prioritätenlisten für Konsumgüter sind also noch lange keine Prioritätenlisten für Investitionen.

Ein Beispiel dazu: Die folgende Abbildung gibt den Produktionsablaufplan eines Unternehmens für Haushaltwaren aus Metall (Küchenartikel und ähnliches) wieder. Wenn das Unternehmen eine Investition beantragt, die eine Erneuerung von Werk 3 mit gleichzeitiger Verdoppelung der Kapazität dieses Werkes betrifft (unter anderem deshalb, weil sich Werk 3 als Engpaß erwiesen hat und die anderen Werke daher nicht mit voller Kapazität gefahren werden können), so ist für das Investitionslenkungsamt völlig undurchsichtig, welche Veränderungen im Product mix des Unternehmens zu erwarten sind. Das hängt ab von den Preisen der Produkte, von den variablen Stückkosten vor und nach der Investition, von den Kapazitäten der Werke und der relativen Belegung dieser Kapazitäten durch die verschiedenen Produkte, von der Reaktion des Marktes auf die vergrößerte Menge der Produkte 2–4 und eventuell 5 und 6 und vielem anderen mehr. Außerdem ist wichtig, welche Ziele das Unternehmen verfolgt, ob beispielsweise das Umsatzwachstum forciert wird, um Marktanteile zu gewinnen, oder ob man kurzfristig hohe Ausschüttungen und deshalb Zurückhaltung bei den Investitionen anstrebt.

Darüber hinaus ist der Managementstil von großer Bedeutung. Wenn eine fortlaufend angepaßte Optimierungsrechnung nach modernen betriebswirtschaftlichen Gesichtspunkten als Grundlage der Produktionsentscheidungen dient, wird die Änderung der Parameter andere Reaktionen des Product mix hervorrufen, als wenn ohne eine solche Grundlage der Produktionsmanager und der Verkaufsleiter jeweils einen Kompromiß aushandeln.

Darstellung eines Produktionsablaufes

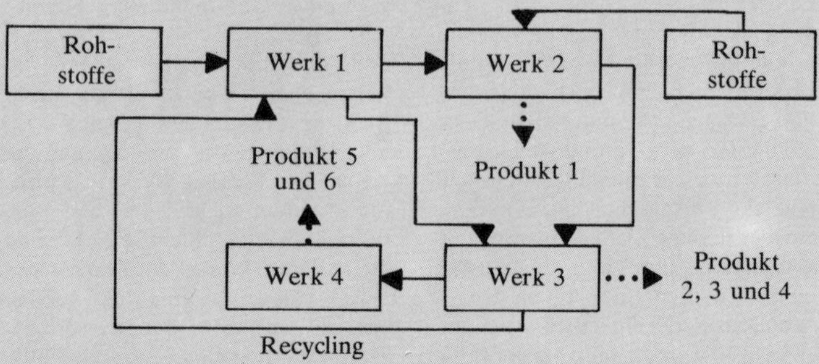

Alle diese Informationen für jedes einzelne Unternehmen und außerdem detaillierte Kenntnis der Lieferströme zwischen den Unternehmen und zu den Endverbrauchern sind nötig, um Investitionen zentral auf rationale Weise lenken zu können, das heißt, um die Folgen der zentral gefällten Entscheidungen zu überblikken. Unzählige Beispiele belegen die Widersprüche, die entstanden sind, weil Investitionen ohne dieses Wissen genehmigt oder zur Auflage gemacht wurden. So wurde durch das Verbot einer bestimmten Ersatzinvestition die Produktionskapazität einer Anlage verringert, über die nebenbei auch ein Produkt läuft, das als Vorprodukt an ein anderes Unternehmen geliefert wird, welches dieses Vorprodukt weiterverarbeitet. Dieses Endprodukt hätte von dem Investitionsverbot gar nicht betroffen werden sollen, denn nach Angabe des Amtes für Verbraucherfragen besitzt es im Rahmen der Bedarfsrangskala hohe Priorität.

Weiter ist festzustellen, daß die einzelnen Unternehmen auf die Einschränkung ihrer Investitions- und Finanzierungsfreiheit höchst differenziert reagieren. Es gibt Unternehmen, die sich mit dieser Einschränkung abgefunden haben. Sie stellten neue Mitarbeiter ein, um alle Vorschriften beachten und die verschiedenen Anträge ordnungsgemäß ausfüllen zu können. Durch ihren Informationsvorsprung gegenüber dem Investitionslenkungsamt hoffen sie, entstehende Nachteile ausgleichen zu können.

Diese Verhaltensweise liegt nahe bei großen Publikumsgesellschaften. Andere Unternehmen haben ablehnend reagiert und entweder überhaupt aufgegeben oder sich dem Wirtschaftssystem durch Verlagerung ins Ausland entzogen. Verlagerungen in diesem Sinne hat es vor allem gegeben bei stark international orientierten mittleren Unternehmen, die von der Produktgestaltung her nicht an den heimischen Markt gebunden sind und ein bewegliches Management aufweisen. Unternehmen mit Strukturproblemen hatten die Chance, diese Probleme mit staatlicher Hilfe zu lösen.

Alle Unternehmen aber müssen die zusätzlichen Belastungen – zum Beispiel Stillegungskosten wegen Investitionsverbots, gestiegene Verwaltungskosten, Verteuerung von Vorprodukten – in ihren Kalkulationen berücksichtigen. Deshalb kommt es zu Verschiebungen des Preisniveaus. Auch die durch das Amt für Bankenkoordination gesteuerte Verlustfinanzierung schafft keine wirksame Abhilfe, denn letztlich geht auch sie zu Lasten des steuerzahlenden Konsumenten.

Abgesehen von Preiserhöhungen, entsprechenden Produktionseinschränkungen, Produktionsverschiebungen und vielfältigen dadurch bedingten Konsequenzen für den volkswirtschaftlichen Kreislauf wird sich das Fehlen eines effizienten Kapitalmarktes gravierend auf das Wachstum und die Stabilität der Wirtschaft auswirken. Es wird zu Veränderungen der Lieferfähigkeit gegenüber dem Ausland und zu verstärkten Importen zum Ausgleich von Engpässen kommen.“

Durch das Bekanntwerden dieses Gutachtens, aber auch wegen der immer größeren wirtschaftlichen Schwierigkeiten sieht sich die Bundesregierung gezwungen, geeignete Maßnahmen zu ergreifen.

Was würden Sie anstelle der Bundesregierung tun?

Die verschiedenen Argumente der Gegner und der Befürworter planwirtschaftlicher Lehre sind bekannt: Die Gegner verweisen auf die offensichtlichen Mißerfolge der Planungsbehörden, auf die katastrophale Abnahme der Währungsreserven, bedingt durch zurückgehende Exporte wegen Lieferverzögerungen und Engpässen, auf steigende Importe und auf das absolute Fehlen ausländischen Kapitalangebotes. Sie erinnern an die Zeiten relativer Stabilität unter marktwirtschaftlichem Vorzeichen und fordern die ersatzlose Abschaffung der Planungsbehörden.

Die Befürworter führen an, daß ohne staatliche Planung von Mengen und Preisen der ganze Planungsaufwand, der durch das Investitionslenkungsamt, das Amt für Verbraucherfragen sowie das Amt für Bankenkoordination entsteht, wirkungslos bleibt. Wenn man den Unternehmen das Recht auf Mengen- und Preisplanung belasse und im übrigen darauf hoffe, etwaige zusätzliche Belastungen, die bei der Systemüberwindung unvermeidbar seien, durch Rationalisierungen aufzufangen, übersehe man, daß die Unternehmer seit den Frühzeiten des Kapitalismus nichts anderes als Gewinnmaximierung im Sinn gehabt hätten. Daher seien die verschiedenen Planungsämter in eine zentrale Planungsbehörde zu integrieren, in der die Mengen- und Preisplanung zentral, getragen von den tatsächlichen Bedürfnissen der Bevölkerung betrieben werden könne.

VI. Das Bundesamt für zentrale Planung

Meldung der halboffiziellen Bonner Tageszeitung „Die Republik“ vom 10. 3. 1984:

Bonn folgt Empfehlungen des Sachverständigenrates

Bonn. Angesichts der voreiligen und unerwünschten Bekanntgabe des Sachverständigengutachtens hat die Bundesregierung beschlossen, den Empfehlungen des Sachverständigenrates zu folgen. Um die einer modernen Volkswirtschaft entsprechende und allen gesellschaftlichen Bedürfnissen gerecht werdende Einheit von gelenkter Investition und Unternehmens-Reaktion herzustellen, wurde die unverzügliche Errichtung eines Bundesamtes für zentrale Planung (BzP) beschlossen. Damit werden sämtliche Unternehmen in einem Unternehmensverbund (Großunternehmen) unter Leitung und Lenkung des BzP zusammengefaßt. Das neue Amt soll gleichzeitig die Koordination der weiterhin bestehenden Ämter für Investitionslenkung, Verbraucherfragen und Bankenkoordination übernehmen.

1. Der Planungskreislauf

In einer Artikelserie beschäftigt sich die Zeitschrift „Die Zentralwirtschaft“ – vormals „Die Wirtschaft“ beziehungsweise „Die Marktwirtschaft“ – mit den Aufgaben des Bundesamtes für zentrale Planung (BzP):

Das BzP hat die Aufgabe, einerseits die anderen, schon existierenden Planungsämter zu koordinieren, andererseits schrittweise die wegen der angestrebten Preis- und Mengenplanung neu anstehenden Planungsaufgaben zu übernehmen. Über das makroökonomische Modell der staatlichen Wirtschaftspolitik zur Sicherung von Stabilität und Wachstum weit hinausgehend werden zunächst gesamtwirtschaftliche Mengenvorgaben für die verschiedenen Konsumgüterkategorien in einem bestimmten periodischen Planungsrhythmus – mit der Bedarfsrangskala abgestimmt – erarbeitet. Die Mengenvorgaben für private und öffentliche Konsumgüter werden dann in Form einer Input-Output-Rechnung auf alle Sektoren der Wirtschaft umgelegt, bis man schließlich den Bedarf an Rohstoffen, Arbeitskräften, Investitionen etc. erhält. Wenn dieser erste Plan fertiggestellt ist, wird er den mittlerweile gebildeten Wirtschaftsräten für die einzelnen Branchen, die regional gegliedert sind, mitgeteilt.

Vereinfachte Darstellung des Planungskreislaufes

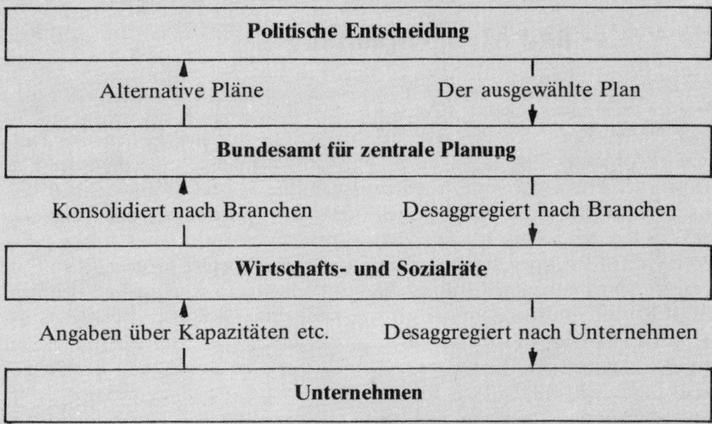

Die Wirtschaftsräte setzen sich paritätisch aus Unternehmern und Arbeitnehmern zusammen, wobei die Unternehmervertreter aus den mittlerweile paritätisch mitbestimmten Unternehmen sich wiederum paritätisch aus Unternehmern und Arbeitnehmern zusammensetzen. Die Wirtschaftsräte studieren den ersten Plan des BzP und ermitteln, ob die angestrebten Mengen im Bereich des Möglichen liegen, wo in den einzelnen Unternehmen Kapazitätsengpässe entstehen und wo Kapazitäten nicht ausgenutzt werden. Die Ergebnisse werden dem BzP mitgeteilt (vgl. vorstehende Abbildung).

Das Bundesamt für zentrale Planung erarbeitet daraufhin den zweiten Plan. Dieser berücksichtigt die von den Wirtschaftsräten gelieferten Informationen aus den Unternehmen, was mögliche Produktionsmengen und erforderliche Einsatzmengen an Rohstoffen sowie Arbeitskräften und Investitionen angeht. Der zweite Plan wird den Wirtschaftsräten, von diesen den einzelnen Unternehmen zugeleitet. Diese werden dann laufend (monatlich) durch ein entsprechend detailliert ausgelegtes Berichtswesen hinsichtlich der Planabweichungen kontrolliert. Inzwischen arbeitet das Bundesamt für zentrale Planung bereits am nächsten ersten Plan. Aus bestimmten Gründen, die wir in der zweiten Folge der Artikelserie darlegen werden, schließt sich das BzP der Praxis nachbarlicher Planwirtschaften an, den Planungshorizont auf fünf Jahre festzulegen und innerhalb dieses Planes jährlich revolvierende Jahrespläne zu erstellen. Dabei kann es zu Veränderungen des ursprünglichen Fünf-Jahres-Planes kommen, wenn sich abzeichnet, daß die Ziele zu niedrig oder zu ehrgeizig gesteckt worden sind. Spezielle Kommissionen sind für die etwaige Planrevision des Fünf-Jahres-Planes und für die Integration der Jahrespläne in den Fünf-Jahres-Rahmen zuständig.

2. Die Preis- und Mengenplanung

Wie schon in unserem ersten Artikel angedeutet, kann sich das BzP bei seiner Arbeit die Erfahrungen benachbarter Planwirtschaften zunutze machen. Wie wir erfahren haben, will sich das BzP bei der nun beginnenden Preis- und Mengenplanung eng an die Praxis der Fünf-Jahres-Pläne der DDR halten. Ein Blick auf den vorletzten Fünf-Jahres-Plan der DDR, die „Direktive des IX. Parteitages der SED zum Fünf-Jahres-Plan für die Entwicklung der Volkswirtschaft der DDR in den Jahren 1976–1980“, vermittelt eine anschauliche Vorstellung von der Art und auch dem Genauigkeitsgrad einer solchen Planung. In der nachstehenden Übersicht sind einige Aussagen der Planung laut Direktive aufgeführt, wobei wir uns auf relativ konsumnahe Gütergruppen beschränkt haben. Wie kompliziert es ist, einen solchen Plan zu erstellen, wird schon deutlich, wenn man sich klarmacht, daß die Steigerung der Getreideproduktion abhängig ist sowohl von der Steigerung der Düngemittelproduktion als auch von der der Traktorenproduktion mit den entsprechenden Folgen für die Zulieferindustrien.

Fünf-Jahres-Plan der DDR 1976–1980: Auszüge

Neubau und Modernisierungen von 750 000 Wohnungen (35 000 für Landarbeiter und Genossenschaftsbauern).

Steigerung der Leistung für Wartung und Reparaturen auf 130–135 Prozent, für Fertigwäsche in industriellen Wäschereien auf 127 Prozent.

Die Produktion des Bauwesens ist auf 136 bis 138 Prozent zu steigern, der Gütertransport auf 124 bis 126 Prozent, die Personenbeförderung auf 107 bis 109 Prozent, die Kraftfahrzeuginstandhaltung auf 200 Prozent.

49 000 zusätzliche Traktoren und 7050 Mähdrescher.

Steigerung der Eierproduktion von 3918 Millionen auf 4300 Millionen Stück.

Kalidüngemittel von 13,3 Millionen Tonnen auf 16,9 Millionen Tonnen.

Synthetische Faserstoffe von 436 auf 615 Kilotonnen.

Von 39,7 Dezitonnen Getreide/Hektar auf 46–48 Dezitonnen.

Wegen des volkswirtschaftlichen Verbundes ist die Realisierung aller Teilpläne eine notwendige Bedingung für die Realisierung des Gesamtplanes. Wenn – um bei dem gerade angeführten Beispiel zu bleiben – die tatsächliche Produktion der an der Produktion von Traktoren beteiligten Unternehmen hinter der geplanten Produktion zurückbleibt, dann bleibt auch die tatsächliche Getreideproduktion hinter der geplanten zurück, weil einerseits das Ausfahren der Düngemittel, andererseits der Ernteprozeß selbst betroffen wird. Es kommt daher darauf an, die Pläne für die Unternehmen möglichst realistisch und in ihren den Verbund betreffenden Teilen verbindlich zu formulieren. Die Freiheitsgrade der den Unternehmen vorgegebenen Pläne müssen entsprechend begrenzt sein.

Um das Ergebnis vorwegzunehmen, das BzP begnügt sich nicht mit einer Steuerung der Wirtschaft über ein zentral bestimmtes System von Preisen. Es versucht auch nicht, die marktwirtschaftliche Preisbildung zu simulieren, wie das zuweilen von sozialistischen Wirtschaftstheoretikern beschrieben wird. Das BzP plant für die wesentlichen volkswirtschaftlichen Sektoren die zu produzierenden und zu liefernden Mengen direkt. Die Volkswirtschaft wird dabei als ein eigenes Großunternehmen aufgefaßt, in dem die interfilialen Lieferungen und Leistungen dominieren und dessen Außenumsatz mit den Konsumenten sowie mit dem Ausland getätigt wird. Auslandsmärkte sind die einzigen Märkte, auf denen das Unternehmen, sprich die zentral geplante Volkswirtschaft, Wettbewerbern gegenübersteht und Marktpreise berücksichtigen muß. Im Inland gibt es keinen Wettbewerb mehr zwischen unabhängigen Anbietern.

Unter dem Eindruck dieser Planaussagen sollte man hier kurz eine Bemerkung zum Berichtswesen einfügen, das notwendigerweise die Durchführung jeder zentralen Wirtschaftsplanung begleiten muß. Die Planungsbehörden haben in Form eines Soll-Ist-Vergleichs laufend zu überwachen, ob es in der tatsächlichen Produktion/bei den tatsächlichen Lieferungen zu Abweichungen von der geplanten Produktion/den geplanten Lieferungen gekommen ist. Eine solche Überwachung des tatsächlichen Geschehens ist nicht nur Voraussetzung für frühzeitig einzuleitende korrigierende Maßnahmen, sondern auch von hoher Aussagekraft für die – jeweils bereits laufende – nächste Planungsrunde. Andernfalls wäre die Gefahr, daß sich die Planung schrittweise von der Realität entfernt – eine Gefahr, die sowieso stets gegeben ist – noch größer. Im Anschluß an die in vorstehender Übersicht wiedergegebene DDR-Planaussage über die Eierproduktion der nächsten fünf Jahre ist nachstehend das Formular zur Überwachung der monatlichen Eierproduktion vereinfacht wiedergegeben. Die eierproduzierenden Betriebe füllen das Formular monatlich aus und geben es an die Behörden weiter.

Das Eierplanungserfassungsformular (BzP-Formular 08-2613-416 F)

Betrieb:

Qualitätskategorie A
in 12 Stück

	Plan-Produktion	Ist-Produktion	Abweichung	Kumuliert	Bemerkungen
Januar	....	....	....	....	....
Februar	....	....	....	....	....
März	....	....	....	....	....
.	....	....	....	....	....
.	....	....	....	....	....
.	....	....	....	....	....
Dezember	....	....	....	....	....
Qualitätskategorie B in 12 Stück					
Januar	....	....	....	....	....
Februar	....	....	....	....	....
und so weiter	....	....	....	....	....

Halten wir den Zug in die Bürokratisierung wieder einmal an und betrachten wir die Probleme, die sich dem BzP bei der Erfüllung seiner Aufgaben stellen. Man könnte sich fragen, ob es nicht genügt, den Unternehmen Preise vorzuschreiben, in der Hoffnung, daß diese Preise die Unternehmen veranlassen, die zentral angestrebten Mengen zu produzieren. Eine Variante dieser Planungsidee – der Marktsozialismus – hat in der sozialistischen Literatur eine gewisse Rolle gespielt und ist in Teilbereichen einiger osteuropäischer Wirtschaftssysteme verwirklicht. Die Bürokratie kann sich aber auf eine Lenkung der Produktionsströme über zentral festgelegte Preise nicht verlassen, weil sie die Reaktionen der Unternehmen nicht mit der gewünschten Genauigkeit voraussagen kann. Mindestens im Bereich der Industriegüterproduktion muß das BzP daher auch Mengenpläne für die einzelnen Unternehmen aufstellen, beziehungsweise wenn die Preise festliegen, den Unternehmen Umsätze für die einzelnen Sparten vorschreiben.

Auf dem Konsumgütersektor ist die Mengenplanung deshalb nicht von entscheidender Bedeutung, weil die Konsumgüter – abgesehen von dem lebensnotwendigen Grundbedarf – nicht Vorprodukte für andere Güter sind. Im Bereich des gehobenen Individualbedarfs und des privaten Luxuskonsums, um in Ausdrücken der Bedarfsrangskala zu sprechen, genügt die Preisplanung. Es kommt in diesem Bereich allerdings zu mehrjährigen Lieferfristen und Sekundärmärkten (Märkte für Optionsscheine), weil die Produktionsmenge dieser hochwertigen, langlebigen Konsumgüterartikel von der Zuteilung von Vorprodukten abhängt, die nicht durch höhere Preisgebote beeinflußt werden kann und weil die vorgegebenen Absatzpreise keine Marktpreise sind, sondern zu niedrig oder zu hoch angesetzt sein können. Folge: unverkaufte Bestände.

Das BzP muß nicht nur Mengenpläne aufstellen, sondern auch versuchen, die Mengen zu adressieren, da die Befriedigung der Nachfrage nicht mehr über den Markt organisiert ist. Die Unternehmen im Industriegütersektor erhalten neben den Mengenvorschreibungen auch Angaben über die zu beliefernden Kunden. Das geht vor sich in Form von Input-Output-Tabellen, die sich bei Planern seit der Zeit des Merkantilismus großer Beliebtheit erfreuen. Solche Tabellen stellen pro Planperiode dar, wer was an wen liefern soll. Sie lassen Berechnungen zu, welche Veränderungen im Geflecht volkswirtschaftlicher Warenströme sich ergeben, wenn der Endverbrauch an Getreideprodukten zum Beispiel sich ändern soll. Zur Durchführung solcher Berechnungen müssen den Behörden allerdings die Produktionskapazitäten, Produktionskoeffizienten (Produktivitätsziffern) der Unternehmen bekannt sein.

Da sich hieraus für das BzP ein Problem der Erfassung, Speicherung und Verarbeitung von Informationen ergibt, das jede Vorstellung sprengt, ernennt man branchen- und regionenbezogene Wirtschafts- und Sozialräte, die eine Zwischenebene der Erfassung, Speicherung und Verarbeitung von Informationen darstellen. Von ihnen werden die Informationen, die vom BzP in die Planung eingearbeitet werden müssen, gefiltert und verdichtet.

Es soll hier nicht versucht werden, den Dimensionen des mit dem neuen Amt notwendigerweise verbundenen bürokratischen Apparates nachzuspüren. Beim Investitionsplanungsamt mit seiner isolierten Aufgabenstellung war das noch relativ einfach. Die Planungsaufgabe des BzP und der verschiedenen eingeschalteten bürokratischen Instanzen ist damit jedoch gar nicht mehr zu vergleichen. Die Unternehmen melden im Verlauf der Planvorbereitung jeweils getrennt nach Produktionsstandorten und nach Produkten die Kapazitäten, die Bestände an Fertigprodukten, halbfertigen Produkten sowie an Roh-, Hilfs- und Betriebsstoffen, die Produktionskoeffizienten (Verbrauch einzelner Produkte an Vorprodukten beziehungsweise an Arbeit), die Kennziffern der Produktionsstruktur und vieles andere mehr. Alle diese Größen sollen dann dem BzP die zentrale Produktionsplanung ermöglichen.

In einem marktwirtschaftlich organisierten System ist es nicht nötig, daß ein Unternehmen alle diese Informationen weitergibt. Auch gegenüber Aktionären besteht keine umfassende Informationspflicht; sie wird jeweils mit dem internen Berichtswesen synchronisiert und ist auf das finanzielle Ergebnis hin orientiert. Nur im Bereich der „externen Effekte", also dort, wo die Produktion (unliebsame) Nebenwirkungen auf die Umwelt bewirkt, und schließlich auch dort, wo die Marktwirtschaft selbst gefährdet ist, greift die staatliche Ordnung durch Einführung einer speziellen Meldepflicht ein.

In einer Planwirtschaft liegt ein besonderes Problem darin, daß – von den grundsätzlichen Schwächen jeder Planung, die ohne Marktpreise auskommen muß, abgesehen – der mehrere Verdichtungsstufen umfassende Meldeprozeß zu Fehlinformationen, Informationsverlusten, nicht festzustellender Willkür bei der Informationsweitergabe, Mißverständnissen und ähnlichem führt. Das Ausmaß der Fehlinformationen kann man an einem bewußt vereinfachten Beispiel verdeutlichen. Die nachstehende Abbildung stellt den Informationsweg in der bürokratisierten Wirtschaft auf schematische Weise dar; ein größeres Unternehmen wird – organisiert in Produktgruppen und Bereiche – als meldende Einheit unterstellt. Angenommen, bei jeder Stufe gehen 10 Prozent der ursprünglichen Information verloren; dann würde die Unternehmensführung noch 73 Prozent, die Politische Führung noch 48 Prozent der ursprünglichen Information empfangen. Der Prozentsatz des Informationsverlustes ist jedoch in der bürokratischen Sphäre prinzipiell höher als in der Sphäre des Unternehmens, weil dort die intime Kenntnis der Unternehmensprobleme fehlt, die nur durch tägliche Praxis im Unternehmen erworben werden kann.

Verlängerung von Informationswegen

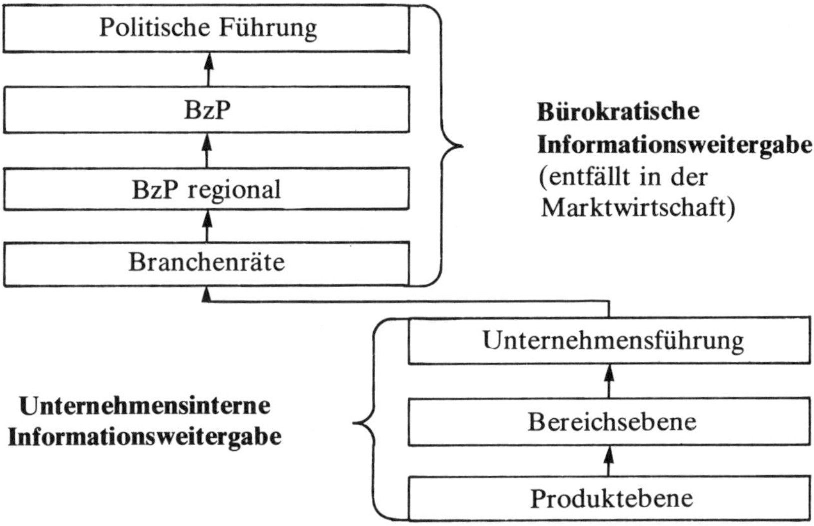

Hier stellt sich die Frage, ob denn überhaupt ein Informationsverlust auftreten kann, wenn die weiterzugebenden Meldungen quantitativ festliegen? Darauf ist zu erwidern, daß

- die weiterzugebenden Informationen nur zu einem Teil quanitativ sind und
- die Informationen von Stufe zu Stufe weiterverarbeitet werden (Verdichtung).

Die Angabe einer Kapazität beispielsweise kann nicht durch eine einfache Zahl erfolgen, auch dann nicht, wenn es sich um einen Ein-Produkt-Betrieb handelt. Annahmen, Einschränkungen, Hinweise auf mögliche Gefahren und Chancen müssen gleichfalls in Betracht gezogen werden. Folglich ist der Informationsstand der Bürokraten auf der nächsthöheren Stufe jeweils abhängig von der Fähigkeit der Kollegen auf niedrigeren Verdichtungsstufen, die Informationen in richtiger Weise zusammenzufassen und weiterzugeben. Diese Fähigkeit jedoch ist kaum zu kontrollieren; vieles kann subjektiv bewertet werden und damit ist ein weites Feld von Manipulationsmöglichkeiten gegeben. Das Hauptproblem jeder Planwirtschaft aber ist ein anderes. Es liegt darin, daß die Autorität der Planung überhaupt in Frage gestellt werden kann.

Überlegen Sie einmal, mit welchem – hier noch nicht erwähnten – Problem das Bundesamt für zentrale Planung besonders zu kämpfen haben wird? Denken Sie an Unternehmen, die auf Exporte angewiesen sind.

3. Außenwirtschaftliche Absicherung

11. 12. 1984: Auszug aus den nicht veröffentlichten Beratungsergebnissen des beim Bundesamt für zentrale Planung angesiedelten Arbeitskreises Außenwirtschaftliche Absicherung:

Obwohl das BzP bei jeder Planung beziehungsweise wirtschaftspolitischen Maßnahme der

- Abhängigkeit der heimischen Industrie von ausländischen Rohstoffen, Vormaterialien, Technologien, Arbeitskräften sowie der
- Abhängigkeit der Beschäftigungslage unserer Industrie von ausländischen Absatzmärkten

Rechnung trägt, ist es in der letzten Zeit in der Bundesrepublik zu einem katastrophalen Devisenmangel gekommen. Es ist nicht zu übersehen, daß im Bereich des Exportes außerordentlich schwierige Probleme aufgetaucht sind, da unsere Unternehmen sich im marktwirtschaftlich orientierten Ausland einem äußerst harten Wettbewerb ausgesetzt sehen.

Als Beispiel sei ein Unternehmen des Investitionsgütersektors angeführt. Das BzP schreibt vor, wieviel an welche Kunden im Inland zu liefern ist und wieviel für den Export zur Verfügung stehen muß. Zunächst stellt sich das Problem der Preisgestaltung im Ausland, die nicht selten auf ausländische Anti-Dumping-Gesetze Rücksicht nehmen muß. Leider wurden schon mehrmals gegen einige unserer Unternehmen Vorwürfe in dieser Beziehung erhoben.

Hinzu kommen Schwierigkeiten mit der Product-mix-Politik. Unsere für die gesellschaftlichen Bedürfnisse optimale Kostenstruktur liefert hinsichtlich der Vorproduktpreise andere Angaben, als für unsere im Wettbewerb stehenden Unternehmen notwendig sind.

Ein weiteres Problem sind die zur Marktpflege notwendigen Mengen. Wenn sie nicht durch die Differenz zwischen Kapazität und vorgeschriebener inländischer Abnahme gedeckt sind, müssen unsere Unternehmen im Wettbewerb mit der ausländischen Konkurrenz unterliegen.

Außerdem ist zu erwarten, daß das Management schrittweise die Fähigkeiten verlernt, die notwendig sind, um in hartem Wettbewerb zu bestehen. Die wegen des bürokratischen Zuteilungssystems im Inland nicht benötigten Vertriebserfahrungen fehlen im Umgang mit ausländischen Märkten. Im Inland ist nicht mit besonderen Finanzierungsschwierigkeiten zu kämpfen. Unser Bankensystem stellt auf Antrag Kredite zur Verfügung. Ausländische Banken reagieren leider nicht auf solche Anträge.

Das alles wäre nicht tragisch, wenn wir nicht den Export unter allen Umständen aufrechterhalten müßten, um unsere Importe zu finanzieren, also zur Devisenbeschaffung. Um die Bemühungen des BzP hinsichtlich der Verbesserung der Devisenlage zu unterstützen, schlagen wir die Errichtung eines Bundesamtes für Außenhandel, Geld- und Reiseverkehr vor. Dieses Bundesamt wird die Aufgabe haben, die Arbeiten des Bundesamtes für Bankenkoordination und des Bundesamtes für zentrale Planung zu koordinieren. Es wird die mengenmäßige Import-Export-Planung des BzP durch eine Devisenplanung – Genehmigung von Devisen für Importe, Auslandsreisen, private Devisentransaktionen ins Ausland – ergänzen.

Die totale Planwirtschaft ist jetzt greifbar.

Mit der Errichtung eines Bundesamtes für Außenhandel, Geld- und Reiseverkehr würde die Entwicklung zum Abschluß kommen. Mit Interventionen, wie sie Zug um Zug aufgezeigt wurden, wird die persönliche Freiheit zunehmend eingeschränkt – bis hin zur Beschränkung des individuellen Reiseverkehrs.

Weil dieser Prozeß der kleinen Schritte scheinbar Schritt für Schritt logisch verläuft, muß man die Hypothesen und Fehlannahmen dieses bürokratischen Prozesses von Anfang an durchschauen. Damit beschäftigt sich das folgende Kapitel.

VII. Die Hypothesen der Befürworter des bürokratischen Prozesses

Ausgangspunkt unseres fiktiven bürokratischen Prozesses war die Einführung einer Investitionsmeldepflicht, die als eine Art „Planungsschwelle“ angesehen wurde. Sie führt zur Errichtung eines zentralen bürokratischen Planungsinstrumentariums, das zwar – wie gezeigt werden sollte – keinen sinnvollen Beitrag zur Unterstützung der Wirtschaftspolitik darstellt, das aber ausgezeichnet geeignet ist als Trainingscamp für Bürokraten, die in der weiteren Entwicklung Investitionslenkungs- und andere Planungsaufgaben übernehmen sollen.

Beim weiter beschriebenen Ablauf des Bürokratisierungsprozesses muß folgendes immer wieder ins Gedächtnis gerufen werden:

1. Eine objektive Bewertung bürokratischer Leistung ist nicht möglich.
2. Es wird keinen „Neuen Menschen“ geben. Die Menschen bleiben egoistisch.
3. Die Politiker werden von den Bürokraten abhängig sein.

1. Die Messung bürokratischer Leistung

In den Debatten um optimale Wirtschaftsordnungen hat ein Problem stets eine dominierende Rolle gespielt, das Problem der Motivation, der Orientierung, der Koordination und der Kontrolle der Leistungen, die von den Produzenten erbracht werden – also von den Unternehmen, Betrieben, Produktionsgenossenschaften, Assoziationen und wie immer die produzierenden Einheiten in den verschiedenen Wirtschaftssystemen heißen. Die Produzenten müssen mit Anreizen versehen werden, anspruchsvolle Produktionsziele auf effiziente Weise – sowohl hinsichtlich der eigenen Produktionsprozesse als auch hinsichtlich der Arbeitsteilung zwischen den Produzenten – zu realisieren.

Die marktwirtschaftliche Leistungsbewertung

In einer Marktwirtschaft sind die Produzenten, motiviert durch die Aussicht auf hohen Unternehmenserfolg, ständig auf der Suche nach gängigen Produkten und kostengünstigen Produktionsverfahren im Rahmen der von ihnen selbst gesetzten Unternehmensziele. Unternehmen mit relativ anspruchslosen Zielen, mit falscher Markteinschätzung oder mit ineffizienter Organisation werden durch funktionierenden Wettbewerb mehr oder weniger schnell zur Aufgabe oder zur Korrektur ihrer Verfahren gezwungen. Das hat in der Bundesrepublik Deutschland dazu geführt, daß 1974 insgesamt 7722 Konkurs- und Vergleichsverfahren eröffnet wurden. Schwerpunkte: Handel (1519) und Baugewerbe (1375).

Ein Unternehmen, das sein Potential nicht nutzt, muß damit rechnen, der Konkurrenz zu unterliegen. Dadurch entsteht Leistungsdruck beziehungsweise Leistungskontrolle. Diese Kontrolle funktioniert permanent und anonym. Es bedarf keiner kontrollierenden Behörde, keiner Institution, der Wettbewerb selber stellt die Kontrollinstanz dar, wobei die Maßstäbe objektiv eindeutig sind. Die Unternehmen sind stets in der Lage, ihren Erfolg absolut und relativ abzulesen, entweder anhand der erwirtschafteten Rendite, also dem Unternehmenswert, oder bei börsennotierten Gesellschaften anhand der Börsenkurse. Diese und andere Kennzahlen können den Kennzahlen der Branche und denen anderer Unternehmen ähnlicher Größe und Struktur gegenübergestellt werden. Es ist also nicht nur möglich, den Unternehmenserfolg absolut festzustellen, sondern er kann auch in Relation zu anderen Unternehmen gesehen werden. Auf diese Weise kann man Informationen gewinnen über die relative Leistungsfähigkeit, über Schwächen im Product-mix, in der Produktivität und so weiter. Leistungsfähigen Unternehmen werden sich entsprechend günstige Geschäftsmöglichkeiten bieten, sie werden sich unter günstigen Bedingungen Eigen- und/oder Fremdkapital beschaffen können und nicht zuletzt sind sie attraktiver für qualifizierte Arbeitskräfte.

Von besonderer Bedeutung ist, daß die Bewertung der Unternehmensleistung unter marktwirtschaftlichen Bedingungen transformiert werden kann in eine Bewertung des Erfolges beziehungsweise der Leistung einzelner Unternehmensteile, einzelner Produkte oder Produktgruppen und schließlich auch in eine Bewertung derjenigen, die für die jeweiligen organisatorischen Einheiten verantwortlich sind. Das Instrumentarium dafür ist ein erfolgsorientiertes System der Kostenrechnung und der Kalkulation, das die Verbindung herstellt zwischen Unternehmenserfolg und dem Erfolg der einzelnen Kostenträger, also der einzelnen Produkte, Produktgruppen, Sparten. So wird es möglich, bei nachlassendem

Unternehmenserfolg in Form einer Schwachstellenanalyse die Ursache herauszufinden und die entsprechenden Maßnahmen zu ergreifen.

Die Leistung bürokratisch gelenkter Unternehmen

In einer bürokratisch organisierten Wirtschaft verteilt sich die Funktion, die in der Marktwirtschaft durch die Unternehmen wahrgenommen wird, auf zwei Bereiche, nämlich

- auf die Behörden, die planen, Investitionsentscheidungen treffen, das Verbraucherverhalten einschätzen, Preise und zu produzierende Mengen bestimmen und
- auf die Unternehmen, die versuchen, die bürokratisch erstellten Pläne zu erfüllen.

Beginnen wir mit der Beschreibung der Leistungsbewertung der Unternehmen in bürokratischer Umwelt. Abgesehen davon, daß die Unternehmen natürlich versuchen werden, die Pläne der Bürokratie in dem bereits beschriebenen Sinne zu beeinflussen, so daß die anschließende Planerfüllung leichtfällt, werden die Manager die ausgesetzten Leistungsprämien voll in Anspruch nehmen und daher die Pläne erfüllen wollen. In einem solchen Fall handelt es sich nicht um eine Planung auf einen marktwirtschaftlich definierten Unternehmenserfolg hin, sondern im wesentlichen um eine auf Produktionsmengen orientierte Planung. Für den Manager geht es also nicht mehr darum, durch Ausschöpfung aller Ideen der Produktverbesserung, der Kostensenkung, durch neue Produkte und ähnliches die Rendite zu erhöhen, sondern darum, bestimmte Mengen und mengenmäßig definierte Produktivitätskennziffern zu erreichen. Der Gewinn des Unternehmens spielt eine untergeordnete Rolle, weil er nur in sehr beschränkter Form von der Leistung des Unternehmens und seiner Mitarbeiter abhängt und wesentlich davon bestimmt wird, welche Investitionen, welche Rohstoff- und Absatzpreise dem Unternehmen vorgeschrieben werden. Die eigentliche Leistung des Unternehmens ist objektiv nicht festzustellen. Die marktwirtschaftlichen Indikatoren funktionieren nicht, da kein Kapitalmarkt im eigentlichen Sinn existiert, sondern rationiert wird. Mengenmäßige Kennziffern zu vergleichen hätte nur dann einen Sinn, wenn die Unternehmen diese beeinflussen könnten; Voraussetzung dafür aber ist zum einen die Investitionsfreiheit, zum anderen die Möglichkeit, unter konkurrierenden Angeboten an entsprechenden Rohstoffen und Vorprodukten wählen zu können.

Ein Unternehmen kann beispielsweise den Ausschuß-Prozentsatz nur bis zu dem Punkt kontrollieren, ab dem der mangelhafte Rohstoff die Ursache ist. In komplexen Industrieunternehmen mit einer großen Zahl von Produkten, die für eine technologisch fortgeschrittene Wirtschaft kennzeichnend sind, verlieren sich einzelne mengenmäßige Kennziffern in einem Gewirr von kaum durchschaubaren wechselseitigen Abhängigkeiten zwischen Input- und Output-Mengen, so daß die Möglichkeit fehlt, auf einige einfache Relationen zu reduzieren. So erfolgt die Leistungsbewertung nicht mehr – wie durch den Kapitalmarkt – permanent, anonym und objektiv, sondern durch behördliche fallweise Untersuchungen und unter subjektiver Einschätzung.

Hinzu kommt, daß die Verantwortlichen in den Unternehmen sehr schnell begreifen werden, was für eine Macht ihnen durch den uneinholbaren Wissensvorsprung im Planungsprozeß zuwächst. Diese Macht werden sie ausnutzen. Sie werden durch gezielt gegebene oder zurückbehaltene Informationen den von der Bürokratie vorgeschriebenen Unternehmensplan so beeinflussen, daß er – im Hinblick auf die erwähnten Anreizsysteme – optimal erfüllt werden kann. Außerdem werden sie Bestands- und Produktionsreserven anlegen und besonders vorsichtige Angaben über denkbare Qualitätsverbesserungen und Rationalisierungsmöglichkeiten machen. Die Bürokratie wird diese Manipulation nicht durchschauen, weil sie bei der Beurteilung von Produktionsvorgängen in einem Unternehmen oft überfordert ist; ihr fehlt schließlich die jahrelange spezifische Erfahrung am Ort des Geschehens.

Die Leistung der Wirtschaftsbürokratie

Völlig unbeachtet in der Wirtschaftsordnungsdebatte ist bisher die Frage geblieben, wie denn die Leistung der die Wirtschaftsplanung betreibenden Bürokratie gemessen werden soll. Die Frage ist deshalb von außerordentlicher Bedeutung, weil die Kontrolle dieser Bürokratie ein funktionierendes System der Leistungsbewertung voraussetzt. Die Produkte der planenden Bürokratie sind Pläne. Was unterscheidet einen guten von einem schlechten Plan beziehungsweise Planer? Es erweist sich, daß keine objektive Leistungsbewertung der Planer möglich ist, weil

- der Kontrolleur, wenn ein Plan „funktioniert", nicht weiß, ob alternative Pläne nicht noch wesentlich besser „funktioniert" hätten,
- eine wirtschaftliche Fehlplanung selten ohne weiteres nachzuweisen ist,

- nicht klar ist, ob das Scheitern eines Planes unter den gegebenen Umständen überhaupt hätte vermieden werden können,
- der eventuell für das Scheitern Verantwortliche nur in Ausnahmefällen zu finden sein wird.

Wenn zum Beispiel neu errichtete Wohnblöcke nicht bezogen werden können, weil es an verzinkten Rohren mangelt und auch die Aufzüge noch nicht geliefert worden sind, kann der Kontrolleur zunächst, sofern kein in sich widersprüchlicher Plan vorliegt, die Verantwortung bei den Lieferanten suchen. Der Lieferant für verzinkte Rohre wird nachweisen, daß er nicht genügend Vormaterialien erhalten hat, weil die Zinkhütte nicht geliefert hat. Die Zinkhütte wird nachweisen, daß sie nicht liefern konnte, weil sie die entsprechenden Konzentrate nicht bekommen hat. Der Produzent der Aufzüge wird nachweisen, daß die elektronischen Schaltungen fehlerhaft waren, folglich nicht er, sondern der Produzent für elektronische Schaltungen für die Verzögerung verantwortlich ist und so weiter. Der Kontrolleur wird entweder keinen Schuldigen finden oder jemanden willkürlich verantwortlich machen.

Wichtiger ist noch die Kategorie der Fehlplanung, die nicht zu einem Engpaß führt und daher nicht sichtbar wird. In diese Kategorie fällt die Planung der Rationalisierung von Produktionsabläufen. Das Phänomen der Rationalisierung bringt den bürokratischen Planungsprozeß in besondere Schwierigkeiten. Einerseits sind Rationalisierungsvorgaben der Bürokratie an die Unternehmen kaum sinnvoll, ohne die Vorschläge der jeweiligen Unternehmensführung, die den Produktionsprozeß kennt, einzuholen. Andererseits kann angenommen werden, daß die Unternehmensführung gegenüber der Planungsbürokratie auch in diesem Punkt ihre Interessen wahren wird und alle Vorgaben von vornherein für unmöglich erklären wird, die nicht ohne besondere Anstrengung zu realisieren sind.

Das Mitarbeiter-Vorgesetzten-Verhältnis

Das Fehlen objektiver Leistungsbewertung hat weitreichende Folgen für das Verhältnis der Mitarbeiter zu ihren jeweiligen Vorgesetzten. Wenn ein Mitarbeiter weiß, daß seine Leistung sich objektiv manifestiert, daß sie objektiv meßbar ist, bringt ihm das einen gewissen Freiheitsraum gegenüber seinem Vorgesetzten, der – ob er nun will oder nicht – an der Leistung seines Mitarbeiters nicht vorbeisehen kann. Andererseits ist die Möglichkeit der Kontrolle dieser Leistung gegeben. Dieser Zusammenhang zwischen Leistung, objektiver Leistungsbewertung und Kontrolle wird häufig als Leistungsprinzip bezeichnet. Wenn die objektive Leistungsbewertung entfällt, weiß der Mitarbeiter, daß seine Beurteilung und Beförderung nur von der subjektiven Meinung seines Vorgesetzten abhängt. Der oben erwähnte Freiheitsraum existiert dann nicht mehr. Denn eine Beförderung, eine Gehaltserhöhung oder ähnliches kommt nicht mehr deshalb zustande, weil der Mitarbeiter seine objektiv meßbare Leistung forciert, sondern weil er versucht, die subjektive Wertschätzung seines Vorgesetzten zu erlangen. Das heißt: Er wird jeden Widerspruch vermeiden und sich die Meinung seines Vorgesetzten zu eigen machen. Außerdem wird er zum Beispiel Mitglied derselben Partei werden, und ähnliches mehr.

Alle diese Unterscheidungs-Kriterien für Märkte und Bürokratien sind in der folgenden Abbildung noch einmal zusammengefaßt.

Märkte und Bürokratien – ihre Merkmale

	Bürokratie	**Markt**
1. Initiative und Motivation zur Arbeit	Anweisung, Befehle – nicht verabredeter Gehorsam, Pflichterfüllung	Individualstreben nach Entgelt (Löhne, Gehälter, Gewinne, Renditen) verabredeter Gehorsam
2. Zuordnung	Hierarchie (Überordnung – Unterordnung)	Marktpartner (unterschiedliche Marktstärken)
3. Lenkung	Hierarchiespitze – vom Zentralplan ausgehend	Basis – von Märkten ausgehend
4. Kontrolle	Planerfüllung	Wettbewerb
5. Legitimation	Wahl oder Gewalt	Verträge

2. Bürokraten und Manager als Neue Menschen

Das Problem der Meßbarkeit bürokratischer Leistung würde hinfällig werden, wenn die Bürokraten bei der Aufgabenerfüllung nicht ihre Eigeninteressen sondern die Gesamtinteressen im Auge hätten, was allerdings einen Neuen Menschen erfordern würde.

Im Mittelpunkt des Konzeptes vom akademisch-experimentellen Sozialismus hat immer der Neue Mensch gestanden, eine Konstruktion, die die Widersprüche im gedanklichen Gebäude der Sozialismustheorie aufheben soll. Das ist ganz einfach zu verstehen. Der Neue Mensch Manager bemüht sich, dem Bundesamt für zentrale Planung seine Vorschläge für die anstehenden Planungsrunden frühestmöglich zu machen; dabei ist er vollkommen korrekt, bildet keine geheimen Reserven, schlägt der Behörde ehrgeizige Ziele vor, von denen er weiß, daß er sie und die entsprechend hohe Prämie äußerstenfalls gerade noch erreichen wird. Er berät die Behörde bei der Planung, hält keine relevante Information zurück und versucht, sobald er die verabschiedeten Planvorgaben erhalten hat, diese gewissenhaft zu erfüllen. Er benötigt eigentlich gar keine Prämie, dieses Verhalten ist für ihn selbstverständlich. Etwaige Fehler im Plan, Engpässe und ähnliches versucht er zu umgehen oder zu beseitigen. Er kommt jedenfalls auch in besonders schwierigen Situationen zurecht.

Der Neue Mensch Bürokrat ist ebenfalls erfüllt von seiner Aufgabe, ruht nicht und rastet nicht, bis der Wirtschaftsplan ein überzeugendes Aussehen hat; ihn zu kontrollieren ist nicht nötig, deshalb entfällt das Problem der Meßbarkeit bürokratischer Leistung. Der Bürokrat arbeitet schnell und rationell, kooperiert besonders gut mit den ebenso besonders gut kooperierenden Managern, er hat keine Probleme mit Mitarbeitern und Vorgesetzten.

Gemeinsamer Nenner aller bekannten Planwirtschaften ist der Versuch, eine Atmosphäre allgemeiner Solidarität zu erzeugen, die – gewollt oder ungewollt – Planungsschwächen kompensiert. Eine prägnante Definition für den solidarischen Neuen Menschen stammt von Fidel Castro (vgl. Communism: Abundance without Egoism, in: D. Mernelstein, R. Lekachmann, Economics: Mainstream Readings & Radical Critiques, New York 1970):

„Das wichtige an vollbrachter Arbeit ist, daß man an zwei Aspekten gearbeitet hat; daß man das eigene revolutionäre Bewußtsein gebildet hat, daß man sein sozialistisches und kommunistisches Bewußtsein gebildet hat, daß man gleichzeitig sich auf den Kommunismus hinerzogen hat.

Daß man geholfen hat, die materielle Basis zu erzeugen, die uns zusammen mit der Erziehung und dem Bewußtsein erlaubt, nach wahrhaft kommunistischen Normen zu leben, das heißt, nach wahrhaft brüderlichen Normen, wahrhaft menschlichen Normen, in denen jeder Mann und jede Frau die anderen als Brüder und Schwestern sieht . . ."

Haben die Appelle an die allgemeine Solidarität Erfolg, werden also die Belange der Gemeinschaft Leitmotiv der selbstlosen Individuen, so kann eine Volkswirtschaft ohne irgendwelche materiellen Anreize, zum Beispiel ohne Privateigentum, funktionieren. In den unseren Kulturkreisen nahestehenden Gesellschaftssystemen können aber solche, den eigenen Nutzen der Menschheit ignorierende Verhaltensweisen nur in Ausnahmesituationen erwartet werden. Das zeigen unter anderem die Erfahrungen mit den Produktivgenossenschaften in Israel, also Unternehmen, die den Genossen gemeinsam gehören: Sie funktionierten nur, solange der Egoismus des einzelnen von starken, meist religiösen Kräften überlagert war. Als Fazit bleibt: Appelle an den Gemeinsinn können materielle Anreize nur ersetzen, wenn das Individuum bereit ist, das Gesamtinteresse zum Leitmotiv seiner Aktivitäten zu erheben. Der Versuch, das zu erreichen, ist aber – zumindest heute noch – zum Scheitern verurteilt.

3. Bürokratie und politische Macht

Rein theoretisch kann die weitverzweigte Planungsbürokratie, deren wesentliche Teile beschrieben wurden, ohne weiteres politisch kontrolliert werden. Es ist jedoch tatsächlich so, daß die Politik schließlich durch die Bürokratie kontrolliert wird und nicht umgekehrt. Das führt nicht zum Neuen Menschen, sondern zu einem verwalteten Menschen.

Der formale politische Prozeß

Es sind verschiedene Möglichkeiten denkbar, eine große Planungsbehörde aktiv politisch zu führen und zu kontrollieren. Dabei ist zunächst nicht besonders wichtig, wie die politische Willensbildung organisiert ist. Bürokratien können beliebigen politischen Herrschaftssystemen dienen. Sie funktionieren im Rahmen einer parlamentarischen Demokratie ebenso wie in einer Ein-Parteien-Herrschaft, einem Feudalsystem oder einer Räte-Demokratie.

Die politische Führung aber kann einer großen Planungsbürokratie nur dann sinnvolle Richtlinien für die konkrete Planungsarbeit geben und diese Planungsarbeit nur dann auch wirksam kontrollieren, wenn sie mit den Planungsproblemen und der Funktionsweise der Wirtschaft vertraut ist. Die Erfahrungen einer politischen Führung mit diesen Dingen steigen, je länger sie die Macht ausgeübt hat, je öfter sie Gelegenheit hatte, das Gelingen und Mißlingen von Plänen zu erleben, je intensiver sie sich mit der Arbeitsweise der Bürokratie und mit einzelnen Planungsproblemen befaßte. Wenn man nun die verschiedenen politischen Systeme nach dem Kriterium der Erfahrung mit Planungsbürokratien staffelt, dann ergibt sich die in der folgenden Abbildung gezeigte Aufstellung, der eine beschränkte Auswahl von Systemen zugrunde liegt; es wurde vorausgesetzt, daß keine Revolution stattfindet.

Die Erfahrungs-Staffelung im Umgang mit Bürokratien

Räte-Demokratie	Minimale Erfahrung Imperatives Mandat, jederzeit Abberufung möglich
Parlamentarische Demokratie	Beschränkte Erfahrung, Macht-Wechsel nach ein oder zwei Legislaturperioden grundsätzlich erwünscht
Ein-Parteien-Herrschaft	Großes Erfahrungspotential, relativ lange Erfahrungsperiode
Feudal-System	Versuch, die Erfahrung zu vererben

Die parlamentarische Demokratie kann keine wirkungsvolle Kontrolle ausüben, denn bei der Wahl der Politiker in einem parlamentarischen System ist die Eigenschaft „Planungserfahrung“ nicht ausschlaggebend. So gesehen ist der demokratisch gewählte Politiker einem Professional aus der Ein-Parteien-Herrschaft unterlegen. Während er sich um seinen

Wahlkreis kümmert und Basis-Arbeit verrichtet, konzentriert sich der andere auf politische Führungsaufgaben; seine Wiederwahl wird von der Partei organisiert.

Der bürokratische Wissensvorsprung

Der Planungsbürokrat dagegen überdauert die verschiedenen politischen Strömungen, er plant und plant. Er erreicht dadurch einen gravierenden Erfahrungsvorsprung gegenüber dem Politiker. So wie die Unternehmensführung alle Möglichkeiten hat, auf der Grundlage des Wissens über die Produktionsvorgänge, die Kapazitäten, das Risiko, das mit bestimmten Produktionsplänen verbunden ist, die versteckten Produktionsreserven und ähnliches der Bürokratie gegenüber einen Freiheitsraum zu schaffen mit dem Ziel, die Anreizsysteme voll auszunutzen und die Prämien für Planerfüllung zu maximieren, genauso dominieren die Bürokraten die Politiker.

Die Vorlage eines durch die Bürokratie erarbeiteten Wirtschaftsplanes zur politischen Entscheidung wird zum reinen Formalakt. Selbst wenn die Bürokratie Alternativen vorlegt, zwischen denen zu wählen ist, obliegt doch die Auswahl der Alternativen der Bürokratie. Die politischen Entscheidungen erhalten akklamatorischen Charakter. Änderungen sind nicht mehr möglich oder nur in einem durch die Bürokratie gewährten Umfang. Es wird der Bürokratie jeweils ein leichtes sein, alles umfangreich begründet als unmöglich zurückzuweisen, was sie zurückweisen will.

Darüber hinaus steht die politische Führung, wenn ihr ein Wirtschaftsplan zur Genehmigung vorliegt und sie zwischen den darin enthaltenen alternativen Programmen entscheiden soll, vor demselben Problem wie vorher die Bürokraten, die diese Alternativen erst einmal auswählen mußten.

Das Problem bei Alternativen, die sich in vielerlei Hinsicht unterscheiden, ist es, rational zu wählen, Präferenzen widerspruchsfrei zur Anwendung zu bringen. Die politische Instanz – ebenso wie vorher die Bürokratie – hat nicht die Möglichkeit, die einzelnen Planalternativen nach einem eindimensionalen Kriterium zu ordnen, wie etwa die Führung eines Unternehmens in der Marktwirtschaft verschiedene Investitionsalternativen – unter Berücksichtigung von Nebenbedingungen – nach dem

Barwert ordnen kann. Die verschiedenen Pläne sind zu komplex, und die Preise, die zur Bewertung eine entscheidende Rolle spielen könnten, sind ja vorher durch die Bürokratie selbst gesetzt und nicht etwa marktwirtschaftlich objektiv erzeugt worden.

Wenn nun die politische Führung oder die Bürokratie versucht, zwischen den sich in jeweils unzähligen Merkmalen unterscheidenden Planalternativen dadurch rational zu entscheiden, daß sie ein Zielprogrammierungsmodell (vgl. das Kapitel: Das Bundesamt für zentrale Planung) anwendet, verlagert sie nur das Bewertungsproblem um eine Stufe. Das Problem wird nicht vereinfacht, sondern – wegen des umfangreichen Modellapparates – noch undurchsichtiger. Denn woher nimmt die politische Führung die Leitlinien dafür, wie die einzelnen Planmerkmale zu gewichten sind? Über die Alternativen abzustimmen oder abstimmen zu lassen ist deshalb keine Lösung, weil es mit Sicherheit zu den erwähnten Widersprüchen kommen wird, die bei der Konsolidierung individueller Bedürfnisse in gesellschaftliche Wertordnungen auftreten.

Der verwaltete Mensch

Es war natürlich nicht möglich, auch nur annähernd die Vielfalt und den Umfang des behördlichen Apparates darzustellen, den eine Planwirtschaft erfordert. Darauf kommt es jedoch auch gar nicht an. Es genügt, zu zeigen, daß die individuellen wirtschaftlichen Entscheidungen schrittweise durch bürokratische Entscheidungen ersetzt werden, daß schließlich immer mehr Bürokraten ihre Umwelt und sich selbst verwalten. Dann geht es nicht mehr um die Aufgaben unserer jetzigen Behörden, zum Beispiel um die Verfügung, eine Umweltschutzanlage zu bauen, um die Ausstellung eines Ausweises oder das Ausfüllen eines Strafzettels. Dann wird die Zahl der zu produzierenden Fahrzeuge, geordnet nach Fahrzeugtypen, verordnet, die Zahl der Hemden, der Krawatten, der zu bauenden Wohnungen. Das kulturelle Leben bleibt nicht unberührt. Auch Zeitschriften und Bücher sind Produkte. Sie nehmen ausgiebig am volkswirtschaftlichen Materialfluß teil. Von der Zuteilung des Papiers und der Druckmaschinen bis zur Planung des Inhalts ist es nicht weit. Es gibt keine Planwirtschaft – von Kuba bis zur Sowjetunion, von der Volksrepublik China bis Albanien – die an der Zensur vorbeikommt. Bürokratien lassen Kritik nur pro forma zu. Auch dieses Buch wird dann nicht mehr zu kaufen sein.

Literaturhinweise

Die Absicht dieser Schrift ist es, dem Leser einen Überblick über die Zusammenhänge zu vermitteln. Es mußte daher notgedrungen auf die Vertiefung einiger Aspekte verzichtet werden. Der Leser, der den einen oder anderen Gesichtspunkt aufarbeiten will, findet in den folgenden Schriften eine Anzahl von Hinweisen, die das hier Gesagte untermauern.

Zum Thema Marktwirtschaft, Bürokratie und kein dritter Weg:

Anthony Downs – Inside Bureaucracy – A Rand Corporation Research Study, Boston 1976

Wolfram Engels – Mehr Markt, Stuttgart 1976

Assar Lindbeck – Die politische Ökonomie der Neuen Linken, Göttingen 1973

Heinz Schimmelbusch – Kritik an Commutopia, Tübingen 1971

Zum Thema Investitionslenkung:

Hans Besters, Burghard Freudenfeld, Gernot Gutmann, Rudolf Henschel, Werner Meißner, Rainer Thoss, Otto Vogel – Investitionslenkung – Bedrohung der Marktwirtschaft?, Köln 1976

Ottmar Issing – Investitionslenkung in der Marktwirtschaft, Göttingen 1975

Zum Thema Zentrale Planung und Wirtschafts- und Gesellschaftssystem:

Karl Paul Hensel – Einführung in die Theorie der Zentralverwaltungswirtschaft, Stuttgart 1959

Helmut Leipold — Wirtschafts- und Gesellschaftssysteme im Vergleich, Stuttgart 1976

Heinz Schimmelbusch — Über einige Grenzen zentraler Wirtschaftsplanung in: Edwin H. Buchholz, Heinz Schimmelbusch, Manfred Wulff, Hrsg., Grenzen der Planung, Tübingen 1976